형봉한시집

霞國詠歌

오외수 저

도서출판
다운샘

高麗遺事, 高麗戀韻也. 今次單獨詩集以出刊也. 表題曰震國詠歌也. 我國五千年歷史地理之歎辭也. 嗚呼, 非獨全國史蹟人物探訪其後附隨之精力分, 可無不感歎也哉.

年齒已過從心至皆悅也. 强健如青壯年美國往來頻繁也. 天幸也哉. 天授之福也. 有受則必授於他也. 漢詩不毛地美大陸律吟傳播不遠也哉.

二千二十年 十二月 日

東天書塾院長 崔 權 興

서 문

응아. 크게 동쪽 하늘 밑에서 울렸도다. 무슨 소리인가? 반드시야말로, 새로 태어나는 어린아이 소리로다. 오호라, 스무 달에 태어나고 있도다. 보통아이들 열 달에 비교하면 두 배의 힘이 있다는 것이로다. 어머니의 태속에서의 힘이 사람의 생활의 강약을 좌우하는 까닭이로다. 자고로 말하기를 '대기만성'이라 했는데 이 말이 아마도 이와 같은 일에서 생겼나보다.

어희라, 세상일은 변화하는 생물이다. 미래의 10년, 백년, 천년은 서양문화를 벗어버리고, 반드시 동양문화를 익히는 세월일 것이다. 문화의 정수는 말한다면 시문화다. 시는 뜻을 말하는 것이라고 정의한다면 표의문자의 한시가 왕좌를 차지한 것이다.

형봉은 2009년 봄부터 2014년에 이르기까지 동천서숙생들과 더불어 동인활동으로써 한시집 4권을 출간했다. 말한다면 『여말절신』, 『대한삼십경』, 『고려유사』, 『고려연운』이다. 이번에는 단독시집으로 출간을 했는데 제목이 『진국영가』라 했다.

우리나라 5천년 역사 지리의 감탄의 소리들이다. 오호라, 다만 전국의 사적과 인물들을 탐방한 것만이 아니라 그 뒤에 따르는 정력이여, 가히 감탄하지 않을 수 없도다.

연치가 이미 70을 넘어 80에 이르렀도다. 강건함이 청장년 같은데 미국 왕래가 빈번하도다. 천행이로다. 하늘이 준 복이로다. 받은 것이 있으면 반드시 남에게 주어야한다. 한시가 없는 미국대륙에 율 읊는 소리가 전파될 날도 멀지않았도다.

2020년 12월　일

동천서숙 원장　최 권 흥

자 서

미국 뉴욕은 내가 40여 년간 고향인 한국을 떠나 외국생활을 하면서 보낸 나의 제2의 고향 같은 곳이다.

뉴욕에는 여러 나라의 이민자들이 모여 다양한 풍속과 언어를 사용하며 함께 모여 살아가고 있는 곳이다.

우리 한국인들은 그곳에서 제2의 유태인 즉 이스라엘인이라는 말을 자주 듣는다. 유태인들은 미국경제에 많은 영향력을 행사하는 민족이다. 그만큼 한국인들은 부지런하고 열심히 살고 있다는 뜻이다.

나는 한국에 돌아와서 동천서숙을 알게 되어 우리나라 곳곳의 역사탐방을 하게 되었다.

우리나라의 산과 바위 그리고 푸른 소나무와 넓은 바다, 아주 아름다운 경치가 수려한 금수강산이란 것을 그때까지는 미처 몰랐었다.

땅속에서 솟는 강한 힘과 기가 있는 영토라는 것을 새삼 느꼈고, 그래서 강한 국민, 열심히 사는 국민이 되었구나 하는 것을 가슴깊이 느끼게 되었다.

하루는 중국 단동의 고구려 유적지에 탐방을 갔는데 한국인 관광객들이 많이 오는 것을 보고 중국 땅에 우리의 고구려 문화가 있는 곳에 우리가 관리하고 안내할 수 있다면 얼마나 좋을까 하는 간절한 마음이 솟았다.

내가 존경하는 분인 정경식 박사님으로부터 가야사에 대한 말을 듣고 고령 대가야박물관에 가보고 그동안 몰랐던 가야사에 대하여 좀 더 알고 싶어 금가야 여러 곳으로 탐방을 하게 되었다.

그리하여 삼국(三國) 역사만 있는 것이 아니고 사국(四國) 역사가 있는 것을 알게 되었다. 다음에는 대가야와 일본에 있는 우리의 가야사 유적지와 유물들을 찾아 정리해 보기로 굳게 다짐했다.

끝으로, 동천서숙 원장 중관 최권흥 선생님 그리고 오남 이종관 선생님, 여러모로 많은 지도편달을 해주신 분들 모두에게 감사드리며, 또한 동천서숙의 안일당 이원희님 수고 많이 해주셨고, 다운샘 김영환 사장님께도 감사드립니다.

2021년 6월 단오날 형봉문헌실에서

오 외 수 지(識)

目次

第1部 高句麗詠歌 고구려영가

第2部 新羅詠歌 신라영가

第3部 百濟詠歌 백제영가

第4部 加耶詠歌 가야영가

凡例

1. 이 책은 전체 4부로 구성하여, 제1부 고구려영가(高句麗詠歌) 30수, 제2부 신라영가(新羅詠歌) 30수, 제3부 백제영가(百濟詠歌) 30수, 제4부 가야영가(加耶詠歌) 30수의 시제 120수를 묶어서 형봉한시집(瑩峯漢詩集)『진국영가(震國詠歌)』라 이름 지었다.

2. 칠률 120수에 평운 30자를 차례로 네 번 반복 부여하였다.

3. 기련(起聯) 안짝에는 운모자(韻母字)를 운자로 하였다.

4. 원고 정서를 안일당 이원희님이 맡아 수고해주셨다.

瑩峯漢詩集
震國詠歌

第1部

高句麗詠歌

1. 阿旦山城

草綠芳春路折東
초 록 방 춘 로 절 동
探尋句跡古城崇
탐 심 구 적 고 성 숭

長江萬里流青史
장 강 만 리 유 청 사
喬岳千年治赤㣧
교 악 천 년 치 적 융

麗陣襲來乘猛虎
여 진 습 래 승 맹 호
濟軍敗走倣秋風
제 군 패 주 방 추 풍

興亡盛替世間事
흥 망 성 체 세 간 사
漢水滔滔淡靄中
한 수 도 도 담 애 중

아단산성

초록 향기로운 봄에 동쪽 길로 가니
고구려 사적을 찾아가니 옛 성이 높도다.

장강 만리에 역사가 흐르고
교악 천년에 붉은 화기를 다스리는도다.

고구려군은 맹호처럼 공격해오고
백제군은 추풍에 낙엽처럼 패주하는도다.

흥망성체가 세간에 자주 있는 일인데
한강물은 도도히 맑은 노을 속으로 흐르는도다.

▼ 해제(解題)

아단산성(阿旦山城)은 한북정맥의 끝자락이 한강 북안에 접한 아차산 위의 산성으로 경기도 구리시와 서울의 접경에 있다.

이곳 한강유역은 선사시대부터 군사, 산업, 교통의 요충지이고 삼국시대에는 이 지역을 장악하는 것이 국가의 흥망을 좌우할 만큼 중요한 의미를 지니고 있었다. 먼저 백제가 이곳을 점거하여 한성 백제의 홍왕을 이룩하였고 고구려 장수왕이 남정군을 이끌고 이 산성을 점령하여 한강 연변 10여 주를 점령한 후 백제의 도읍지인 풍납, 몽촌 두 성을 공격하여 475년 백제 개로왕을 잡아 이 성 아래에서 참수하고 500년 한성 백제는 종언을 고한다. 백제는 웅진, 사비로 천도하여 쇠퇴의 길을 걷는다. 그러나 그 후 551년 고구려는 제라(濟羅) 연합군에게 다시 한강유역을 빼앗기고 553년 이후 신라가 그 주인이 된다.

3. 漣川堂浦城

探史漣川過漢江
탐 사 연 천 과 한 강
古臯堂浦古城玒
고 고 당 포 고 성 강

嚴嚴金堀歌長帝
엄 엄 금 굴 가 장 제
滾滾臨津頌句邦
곤 곤 임 진 송 구 방

軍事攻防高責大
군 사 공 방 고 책 대
交通商易要衝龐
교 통 상 역 요 충 방

兩王景慕僉臣切
양 왕 경 모 첨 신 절
廣壽聲名萬世淙
광 수 성 명 만 세 강

▿ 주(註)
1) 金堀 : 연천에 있는 산이름.

연천 당포성

역사 탐방 차 연천 가려고 한강을 건너니
당포 언덕에 옛 성이 아름답도다.

금굴산은 엄엄하여 장수왕을 찬양하고
임진강은 도도히 흘러 고구려를 찬송하리로다.

군사상 공방 즉 막아내는 것에 책임이 크고
교통 무역 거래가 요충으로 중요한 목이로다.

두 임금을 경모하는 사모의 정이 간절한데
광개토왕과 장수왕 성명이 만세의 물소리로다.

▼ 해제(解題)

연천 당포성(漣川堂浦城)은 사적 제468호로 고구려시대 임진강변에 돌로 쌓은 평지성이다. 연천군 미산면 동이리에 있으며, 임진강으로 유입되는 소하천의 침식작용으로 높은 수직절벽이 끊어진 지점에 구축되어있다. 임진강의 물길이 만들어낸 수km에 달하는 수직절벽은 현무암 주상절리로 되어있는데, 높이 20m에 달하여 별도로 성을 쌓지 않아도 적을 막을 수 있는 자연성벽이다. 따라서 평지부분만 주변의 현무암을 이용하여 성을 쌓았다. 성에서는 대부분 신라계인 유물이 출토되었으며, 석축이 있는 부분의 퇴적토와 성돌 사이에 삼국시대 기와조각을 포함 고려, 조선시대 기와조각도 발견되고 있다.

4. 坡州德津山城

秋晚德津傳說支
추 만 덕 진 전 설 지
臨流北岸古城離
임 류 북 안 고 성 리

江風颯颯頌王艶
강 풍 삽 삽 송 왕 염
灘籟涓涓歌國麗
탄 뢰 연 연 가 국 려

兩戶東西防擊利
양 호 동 서 방 격 리
重坦內外守攻彌
중 탄 내 외 수 공 미

要衝軍事責任大
요 충 군 사 책 임 대
灼灼英名千世熙
작 작 영 명 천 세 희

파주 덕진산성

늦가을 덕진성에 전설이 무성한데
임진강 북쪽 언덕에 옛 성이 아름답도다.

강풍은 살랑 불어 장수왕 찬양노래 아름답고
탄뢰는 연연하여 고구려 찬양노래 곱도다.

동서 두 문이 있어 공방에 편리하고
내외 겹성은 적을 막기에 이롭도다.

군사 요충지로 아주 책임이 크고
불꽃같이 빛나는 영명은 천세토록 밝으리로다.

✔ 해제(解題)

파주 덕진산성(坡州德津山城)은 경기도 파주시 군내면 정자리에 있는 산성으로, 고구려시대에 만들어진 성으로 특유의 ㄱ자 형태를 하고 있으며, 경기도 기념물 제218호로 지정되어있다. 해발고도 약 65m봉우리를 중심으로 산 능성을 따라 돌며 구축되어 있는 옛 산성으로, 산의 꼭대기와 이어지는 낮은 능선을 이용하여 만들었다. 낮은 곳에 있지만 임진강의 북쪽 언덕에 있는데, 주변에 높은 산이 없어 넓은 땅이 내려다보이는 전략적 요충지이다. 내성과 외성으로 나뉘어 있고, 외성에는 성가퀴로 추정되는 부분이 두 군데 있으며, 표주박 형태를 하고 있다.

5. 紅蓮峰古壘

秋雨京東山水微
추 우 경 동 산 수 미
廣津西岸古城巍
광 진 서 안 고 성 외

冠峰南聳頌王業
관 봉 남 용 송 왕 업
阿且北望歌帝威
아 차 북 망 가 제 위

句隊擊攻風納戰
구 대 격 공 풍 납 전
濟軍防禦漢江圍
제 군 방 어 한 강 위

麗朝壯史千年錄
여 조 장 사 천 년 록
長壽英名萬世輝
장 수 영 명 만 세 휘

▼ 주(註)

1) 長壽 : 고구려 20대 왕으로 80년간 왕위에 있었다고 한다.

홍련봉 고루

가을비 오는 서울 동쪽의 산수경치 희미한데
광나루 서안에 옛 성이 우뚝하도다.

관악산은 남쪽에 솟아 왕업을 찬송했고
아차산은 북쪽 높이 장수왕 위세를 찬양하도다.

고구려군은 풍납성을 공격하고
백제는 한강을 방어선으로 삼았도다.

고구려 천년의 빛나는 역사 속에
장수왕의 꽃다운 이름 만세토록 빛나리로다.

✔ 해제(解題)

홍련봉 고루(紅蓮峰古壘)는 서울 광진구 광장동에 있으며, 국가지정사적 제455호로 지정되었다. 삼국시대에 교통과 통신의 요충지로서 중요시 되었던 아차산에는, 성과 보루 등 수 많은 관방유적이 분포되어 있는데, 홍련봉에는 산 동남쪽의 남보루와 북서쪽의 북보루 두 개가 있다. 북보루의 긴 측은 북서남동방향으로 약 70m이며 짧은 측은 약 40m이며, 남보루는 북보루에서 동남쪽으로 약 100m 떨어져 있는데 둘레가 150m나 되는 타원형이다. 남보루의 긴 측은 남북방향이며 약 57m정도로 짧은 측은 동서방향으로 약 35m 정도다. 내부는 분지형태를 이루고 있다.

6. 中原高句麗碑

秋水洋洋觀鯉魚
추 수 양 양 관 리 어
忽然句碣巨堂居
홀 연 구 갈 거 당 거

中原北岸侵攻略
중 원 북 안 침 공 약
漢渚南汀拓境儲
한 저 남 정 척 경 저

東子溫孫單一祖
동 자 온 손 단 일 조
麗兄濟弟兩三初
여 형 제 제 양 삼 초

二王威勢播東國
이 왕 위 세 파 동 국
好泰英名千卷書
호 태 영 명 천 권 서

주(註)

1) 東子溫孫 : 동명왕과 온조를 가리킨다.

2) 二王 : 광개토왕과 장수왕.

중원 고구려비

넓고 넓은 가을 물에서 잉어를 관상하는데
홀연히 고구려비가 큰 집에 서 있구나.

장수왕은 백제 땅 중원을 침공하고
한강 남안에 척경비를 세웠도다.

동명왕과 온조는 본시 한 할아버지 자손이요
고구려는 형 백제는 아우로 동기간으로 처음이로다.

광개토왕과 장수왕의 위세 동국에 퍼지니
부자 두 왕의 영명은 만권 사서에 넘치리로다.

▼ 해제(解題)

중원 고구려비(中原高句麗碑)는 충청북도 충주시 중앙탑면 용전리에 있다. 남한에 있는 가장 명확한 고구려 유물의 하나이다. 1979년 단국대학교 조사단에 의하여 발견되었으며 판독 가능한 비문은 400여 자인데 그 내용에 의하여 고구려비임이 판명되었다. 건립연대는 5세기 후반으로 추정되며 비문에 여형여제(如兄如弟)라는 글자가 보이는데 아마도 점령군인 고구려가 원주 백제 백성을 위무하기위한 문구가 아닌가 하고 추측해본다.

7. 中原薔薇山城

煙雨山河彷有虞
연 우 산 하 방 유 우
薔薇古壘野薇圖
장 미 고 루 야 미 도

北眠遠嶂白雲逝
북 면 원 장 백 운 서
南望近潭丹靄濡
남 망 근 담 단 애 유

漢岸十州開拓境
한 안 십 주 개 척 경
中原一堞築江隅
중 원 일 첩 축 강 우

朔風杖劍城頭立
삭 풍 장 검 성 두 립
眞是男兒大丈夫
진 시 남 아 대 장 부

▽ 주(註)

1) 有虞 : 순임금을 이름. 요임금의 선양을 받기 전 우(虞)에 나라를 세웠으므로 이름.

중원 장미산성

안개 낀 강산이 요순 성대를 방불하니
장미산성에 그림 같은 찔레꽃 피었네.

북쪽 멀리 조는 봉우리에 흰 구름 흘러가고
남의 가까운 호수 위에 붉은 노을 젖었도다.

한안 열 고을 강토를 넓히고
중원 강가에 한성을 쌓았도다.

삭풍에 긴 칼 잡고 성두에 섰으니
이야말로 진실로 남아 대장부로다.

▼ 해제(解題)

중원 장미산성(中原薔薇山城)은 고구려비에서 북으로 약 2km 떨어져, 지극히 가까워서 고구려비를 세울 당시 한강변을 지키기 위하여 축성한 것으로 추정된다. 석축한 성으로 높은 봉우리 정상과 계곡을 연결한 포곡산성으로, 산 정상에 서니 남서를 한강이 둘러있고, 서쪽은 높은 절벽이고 북은 산이 높아서, 가히 천혜의 요새를 이루고 있다.

8. 七重山城

盛夏山河綠樹齊
성 하 산 하 녹 수 제
坡平探史七重瓈
파 평 탐 사 칠 중 려

嚴嚴逍紺頌王北
엄 엄 소 감 송 왕 북
滾滾漢車歌國西
곤 곤 한 차 가 국 서

陷落濟軍千卒泣
함 락 제 군 천 졸 읍
進攻句陣萬騎啼
진 공 구 진 만 기 제

興亡有數人間事
흥 망 유 수 인 간 사
杳渺蒼空獨杖藜
묘 묘 창 공 독 장 려

▼ 주(註)

1) 漢車 : 한탄강과 차탄천을 말한다.

칠중산성

한여름 산하에 푸른 나무 가지런한데
역사탐방차 파주에 오니 칠중성이 아름답도다.

소요산 감악산은 북쪽 왕에 찬송하고
한탄강 차탄천은 나라를 기려 서쪽으로 흐르는도다.

방어하는 백제군은 천군의 군졸이 울고
진격하는 고구려의 많은 말이 승리를 노래하는도다.

흥망이 유수한 것이 인간세상 일인데
아득한 창공에 홀로 지팡이 짚고 서있는 나그네로다.

▼ 해제(解題)

칠중산성(七重山城)은 경기도 파주시 적성면 구읍리에 있다.
전략적 요충지로 신라군과 고구려군의 격전지이며 6.25사변에 영국군의 격전지로 근처에 기념비가 있다. 유물로 신라와 고구려의 토기와 기와가 출토되었다. 성문유구와 집수시설이 남아있다.

9. 漣川瓠蘆古壘

花爛漣川景色佳
화란연천경색가
場南美岸古墻娃
장남미안고장왜

臨津滾滾歌王詠
임진곤곤가왕영
紺岳堂堂頌帝諧
감악당당송제해

北守濟營凉雨霽
북수제영양우제
南征句陣爽風偕
남정구진상풍해

月光照到傷兵狀
월광조도상병상
萬里煙霞故國懷
만리연하고국회

▼ 주(註)

1) 場南 : 연천군 장남면을 이른다.

연천 호로고루

꽃이 난만한 연천의 경치가 아름다운데
장남 언덕에 옛 성이 곱구나.

임진강은 곤곤히 흘러 왕을 찬양하고
감악산은 당당하게 제왕을 찬송하는도다.

북을 지키는 백제 군영에 찬비는 개이고
남정 고구려 진영에 상풍이 이는도다.

달빛이 다친 병사의 병상에 비치니
만리 연하에 고국 생각이 간절하구나.

▼ 해제(解題)

연천 호로고루(漣川瓠蘆古壘) 성은 임진강 북쪽의 현무암 수직 단애 위에 있는 삼각형 강안 평지성이다. 고구려가 신라와 백제를 주적으로 하여 쌓은 성이다.

말을 타고 임진강의 도하가 가능한 지점이고, 또한 백제의 한성과 평양을 연결하는 중요한 교통로이며 군사적 요충지이다. 남한에서 가장 많은 유물이 출토되었고, 특히 정교한 고구려 와당과 벼루 등이 출토되어 그곳에 살고 있던 사람의 신분이 상당히 고위급 인사였음을 짐작케 하고, 따라서 이 성이 차지하는 중요성을 가늠할 만하다. 또한 120여 년간 임진강은 고구려 남단 국경이었으니, 국경 경비의 임무를 띤 방어선이다.

10. 漣川隱垈里城

春雨隱垈春景灰
춘 우 은 대 춘 경 회

漣川古堞隔塵埃
연 천 고 첩 격 진 애

紺逍嶺籟頌麗偉
감 소 령 뢰 송 려 위

車漢江風歌帝嵬
차 한 강 풍 가 제 외

洌岸十州攻略也
열 안 십 주 공 략 야

錦沿二郡拓疆哉
금 연 이 군 척 강 재

南征北伐誇威國
남 정 북 벌 과 위 국

長壽英王獻一杯
장 수 영 왕 헌 일 배

∀ 주(註)

1) 紺逍 : 감악산과 소요산을 이른다.

2) 車漢 : 차탄강과 한탄강을 이른다.

연천 은대리성

봄비 내리는 은대리봉 경치가 잿빛인데
연천 옛 성은 속진을 멀리 하였도다.

감악산 소요산 산바람은 고구려를 찬송하고
차탄강 한탄강 강바람은 장수왕의 높음을 노래하도다.

한강 가의 열 고을을 공략하였고
금강 변두리 두 군을 침공하였도다.

남쪽 정벌 북벌의 위국을 자랑하는 속에
장수 영왕께 술 한 잔 올리나이다.

▼ 해제(解題)

연천 은대리성(漣川隱垈里城)은 경기도 연천군 전곡읍 은대리에 있다. 한탄강과 차탄천이 합류하는, 용암 대지가 침식하여 이루어진 삼각형 대지 위에 쌓은 토석혼축성으로, 고구려의 남쪽 국경을 지키는 중요한 역할을 담당하였을 것으로 추정된다. 임진강 연안에 세워진 고구려 남쪽 국경 방어선을 담당한 아주 중요한 성이다.

11. 丹陽溫達山城

榴夏丹陽景色眞
유 하 단 양 경 색 진
隔江古堞鳥聲頻
격 강 고 첩 조 성 빈

出征溫達登鞍馬
출 정 온 달 등 안 마
祈禱平岡綠水濱
기 도 평 강 녹 수 빈

壯意無成中敵矢
장 의 무 성 중 적 시
忠魂未往九天燐
충 혼 미 왕 구 천 린

山含孀婦千年恨
산 함 상 부 천 년 한
怨淚添流萬世彬
원 루 첨 류 만 세 빈

∨ 주(註)

1) 溫達 : 고구려 평원왕의 사위로 지금의 아차산에서 날아오는 화살에 맞아 전사하였다..

단양 온달산성

사월 단양의 경치가 아름다운데
강 건너 옛 성의 새소리 시끄럽도다.

출정하는 온달은 말안장에 올라있고
기도하는 평강공주는 푸른 물가에 섰도다.

큰 뜻을 이루지 못한 채 화살을 맞았으니
충혼은 돌아가지 못하고 구천을 떠도는도다.

산은 청상과부의 천년 한을 머금었고
원통한 눈물 강물에 더하여 만세토록 빛나도다.

✔ 해제(解題)

단양 온달산성(丹陽溫達山城)은 충청북도 단양군 영춘면 하리에 있으며, 이 성은 고구려 장수 온달이 쌓았다고 전해진다. 성의 위치, 주저항선 축조기법 등으로 미루어 신라가 쌓은 성으로 보는 것이 옳다고 한다.
온달장군은 실지 회복을 위하여 신라가 쌓은 이 성을 공격하다가 화살을 맞아 전사했다고 하는 견해가 옳다고 한다. 영춘군은 장수왕 때 백제에게 빼앗은 한주로 돌궐을 치기위하여 신라의 힘을 빌리고 그 대가(代價)로 조령 이북 등을 신라에게 주어 이에 실지를 회복하고 아울러 왕권을 강화하려고 평원왕은 부마인 온달장군으로 하여금 조령 이북 여러 성중 영춘성을 공격케 한 것으로 보는 것이 학계의 정설이다.

12. 鎭川大牟山城

盛夏鎭州樹綠文
성 하 진 주 수 록 문
堆丘平野古城紋
퇴 구 평 야 고 성 문

栢川北籟飛仙氣
백 천 북 뢰 비 선 기
聖石南風洗俗氛
성 석 남 풍 세 속 분

大牟山埒先擊取
대 모 산 부 선 격 취
巨城上黨後攻軍
거 성 상 당 후 공 군

句麗覇將今安在
구 려 패 장 금 안 재
杳渺東天萬里雲
묘 묘 동 천 만 리 운

∨ 주(註)

1) 聖石 : 진천군 진천읍 성석리를 가리킨다.

진천 대모산성

한여름 진천은 녹음으로 빛나는데
넓은 들 두둑한 언덕에 옛 성이 아름답도다.

백곡천 북쪽 물소리에 선기는 날리고
성석들 남풍에 세속의 기운을 씻는도다.

대모산성은 먼저 점령당하였고
상당산성은 후군이 공격한 것이로다.

고구려 패장은 지금 어디에 있는고
아득한 동천에 만리의 구름이로다.

∀ 해제(解題)

진천 대모산성(鎭川大牟山城)은 충청북도 진천군 진천읍 성석리에 있다. 장수왕 72년 신라의 모산성(진천)을 함락하고 동왕 77년 신라의 호산성(금성?)을 점령하는 등 장수왕은 한강 연안 10주를 공략하고 고구려는 여세를 몰아 문장왕 3년 신라의 살수원(청주) 등 금강유역 여러 주로 쳐들어감으로서 신라, 백제를 공략하였음을 알 수 있다. 대모산성은 평지에 약간 돌출한 토성으로 내성과 외성으로 되어 있으며, 백제 토기와 고구려 토기가 출토되었다.

13. 白頭山

領導朴人開闢元
영 도 박 인 개 벽 원
下降靈祖一檀琨
하 강 령 조 일 단 곤

密雲忽啓藍池赫
밀 운 홀 계 남 지 혁
遮嶂瞬望白虎蹲
차 장 순 망 백 호 준

肇國悠悠三萬載
조 국 유 유 삼 만 재
惠民杳杳億千孫
혜 민 묘 묘 억 천 손

憑雖與問幾秋後
빙 수 여 문 기 추 후
積恨解消離散怨
적 한 해 소 이 산 원

∨ 주(註)

1) 朴人 : 박달민족. 우리 백의민족을 이른다.

2) 靈祖 : 단군을 말한다.

백두산

순박한 백의민족 끌고 천지를 개벽하시니
신령한 단군 할배 단목에 하강하셨도다.

빽빽한 구름 홀연히 열려 푸른 천지 빛나고
가렸던 봉우리 나타나 백호봉이 웅크렸도다.

나라를 처음 연지 삼만년이요
혜민 아득하고 아득한 억천손이로다.

누구를 잡고 몇 해 후면 쌓인 한을 풀고
이산의 슬픔을 해소할까 묻는도다.

▼ 해제(解題)

백두산(白頭山)은 양강도 삼지연군과 중국 지린성의 경계에 있는 한반도의 가장 높은 산이다. 남한은 인천 앞바다를 수준원점으로 하고 북한은 원산 앞 바다를 기준으로 하여, 표고가 남한은 2,744m, 북한은 2,750m로 측량한다. 백두산에서부터 지리산에 이르는 백두대간은 한국의 기본 산줄기로서 모든 산들이 여기서 뻗어 내렸다하여 옛 부터 성산(聖山)으로 숭배하였다. 또한 단군이 탄강(誕降)한 성스런 영지(靈地)로 산 정상에 천지(天池)가 있는데 최대 수심이 384m이며, 천지의 물은 동쪽으로 흘러 두만강이 되고 서쪽으로 흘러 압록강이 되니, 이 두 강이 현재의 한중, 한러 국경을 이룬다. 이 두 강 북쪽의 요동 삼천리는 옛날 우리조상이 창업한 고구려 삼천년 고토이다. 숙종 38년 조선과 청나라 사이에 세운 백두산정계비가 천지 가에 있다.

14. 鴨綠江

鴨綠長流綠水寒
압 록 장 류 녹 수 한

遼望故鄕眺漫漫
요 망 고 향 조 만 만

隔江滿浦白筒突
격 강 만 포 백 통 돌

對岸集安烏碣爛
대 안 집 안 오 갈 란

男女袂分三八防
남 녀 메 분 삼 팔 방

青春淚別七句殫
청 춘 루 별 칠 순 탄

會離本是人生事
회 리 본 시 인 생 사

豈享無悲萬里歡
개 향 무 비 만 리 환

압록강

압록강 길게 흐르는 푸른 물이 찬데
멀리 고향 바라보니 강물만 출렁이네.

강 건너 만포의 흰 연통만이 솟아있고
이쪽 강가 집안에 검은 빗돌이 빛나도다.

남녀가 옷깃을 나눈 뒤 삼팔선이 가로막고
눈물로 헤어진 두 청춘 칠십년이 흘렀도다.

만나고 헤어짐이 본시 인생사인데
어찌 슬픔이 없이 기쁨만 누릴 수 있으리오.

▼ 해제(解題)

압록강(鴨綠江)은 백두산의 최고봉인 천지 부근 병사봉의 남동 8km부근에서 발원하여 작은 계류를 형성하면서 흐른다. 압록강은 우리나라와 중국의 동북지방과의 국경을 이루는 국제 하천으로 혜산, 중강진, 만포, 신의주를 거쳐 용암포의 초하류에서 황해로 흘러간다. 압록강은 우리나라에서 제일 긴 강으로 강의 길이는 803km나 되며, 중간에 수풍댐이 생겨서 우리나라에서 제일 큰 수력발전소가 되었다. ≪신증동국여지승람≫에 의하면 물빛이 오리머리 빛과 같이 푸른색을 띠고 있어서 압록강이라 붙였다고 한다.

15. 五女山城

秋孟桓仁秋氣刪
추 맹 환 인 추 기 산
猛威殘暑古城班
맹 위 잔 서 고 성 반

東明建國句麗號
동 명 건 국 구 려 호
卒本奠都成堞瀾
졸 본 전 도 성 첩 란

女岳千年歌帝聳
여 악 천 년 가 제 용
渾江萬里頌王灣
혼 강 만 리 송 왕 만

斯邦永固太平禱
사 방 영 고 태 평 도
青史英名長久懽
청 사 영 명 장 구 환

주(註)

1) 桓仁 : 북부 요녕성에 위치하고 있으며 만주족 자치구.
2) 東明 : 고구려의 시조 주몽을 이른다.

오녀산성

첫가을 환인에 가을 기운이 깎이는데
사나운 늦더위에 옛 성이 늘어섰구나.

동명이 나라 세워 고구려라 이름 하였고,
졸본에 도읍하고 이룬 성이 빛나도다.

오녀산은 천년토록 임금을 기려 노래하고
혼강은 왕을 기려 만리를 굽이쳐 흐르도다.

이 나라가 길이 영고 태평을 비옵나니
청사에 꽃다운 이름 길이 나부끼리로다.

▼ 해제(解題)

오녀산성(五女山城)은 북부여에서 남하해온 주몽집단이 졸본지역에 정착한 곳이다. 고구려 초기의 수도에 대하여 광개토왕 비문에는 홀본, ≪삼국사기≫ <고구려 본기>에는 졸본이라고 하였으며, 지금의 만주 환인 북쪽에 있는 오녀산성(五女山城) 일대로 비정된다. 졸본성은 평지성으로 평시에 쓰이고, 오녀산성은 산지성으로 전시에 쓰였다. 오녀산 정상 고도 약800m의 산지에 축조된 오녀산성은 남북 1,000m, 동서넓이 300m의 비교적 가까운 벼랑에 의지하여 성벽을 이루었다. 오녀산 서록에 위치한 평지성인 졸본성은 성벽이 대부분이 일실되고, 다만 성문유구와 해자 일부 유적이 남아있어 옛날 성곽을 짐작할 수 있을 뿐이다.

16. 丸都山城

白露遼寧秋氣先
백 로 요 녕 추 기 선
集安古郡古城蠲
집 안 고 군 고 성 견

嶺風颯颯臣忠詠
영 풍 삽 삽 신 충 영
山鳥怡怡帝業虔
산 조 이 이 제 업 건

北伐南征疆域拓
북 벌 남 정 강 역 척
東矜西恤衆民憐
동 긍 서 휼 중 민 련

句王號令江河震
구 왕 호 령 강 하 진
竹帛英名萬世傳
죽 백 영 명 만 세 전

▼ 주(註)

1) 白露 : 이슬이 내리기 시작하는 24절기 중 열다섯 번째 절기.

환도산성

백로 요동땅에 가을 기운이 앞서는데
집안 옛 고을에 옛 성이 밝도다.

영풍은 살랑 불어 충성된 신하를 노래하고
산새는 지지배배 제업을 찬양하는도다.

북벌하고 남정에 강역을 넓히고
동궁 서휼에 만민을 사랑하는도다.

고구려 임금님의 호령에 산하가 떨고
청사에 꽃다운 이름 만세토록 전하리로다.

✔ 해제(解題)

환도산성(丸都山城)은 산성자산성이라고도 하며, 국내성의 북쪽 2.5km지점의 해발 676m의 산성자산에 위치하고 있다. 고구려 산상왕 때 환도성을 축조하고 환도성으로 도읍을 옮겼다. 이곳으로 천도하기 전엔 국내성은 평지성으로 평시에 쓰였고, 산성자산성은 산지성으로 전시에 쓰였는데, 이곳으로 천도하면서 환도산성으로 부르게 되어 처음 축조된 모습은 볼 수 없다. 현존하는 산성자산성은 고국왕대에 개축된 환도성으로 전체적으로 축성법이 오녀산성 등 다른 초기산성에 비해 세련되었다고 볼 수 있다.

17. 好太王碑

秋晩遼東落葉蕭
추 만 요 동 낙 엽 소
集安故縣古碑喬
집 안 고 현 고 비 교

嶺風萬里句麗頌
영 풍 만 리 구 려 송
山鳥千年好太簫
산 조 천 년 호 태 소

北伐扶餘疆域保
북 벌 부 여 강 역 보
南征百濟令民詔
남 정 백 제 영 민 소

大王一號乾坤震
대 왕 일 호 건 곤 진
靑史英名永久翲
청 사 영 명 영 구 표

✓ 주(註)

1) 乾坤 : 하늘과 땅, 온 천지를 이른다.

호태왕비

늦가을 요동에 낙엽이 쓸쓸한데
집안의 옛 골에 옛 비석이 높도다.

영풍은 만리에 고구려를 찬송하고
산새는 천년토록 호태왕을 노래하는도다.

부여를 북벌하여 강역을 확보하고
백제를 남정하여 백성들이 노래하는도다.

대왕이 한번 호령하면 하늘 땅 진동하니
청사에 꽃다운 이름 길이 나부끼리로다.

∨ 해제(解題)

호태왕비(好太王碑)는 중국 길림성 집안현에 위치한 고구려 유적인 광개토대왕비로 동아시아 최고(最古), 최대(最大)의 비석(碑石)이다.

장수왕 3년 고구려 제19대 광개토왕의 훈적을 기념하기 위하여 아들인 장수왕이 세운 비석으로, 사면(四面) 석비(石碑)의 높이가 약 6.4m나 된다. 당시 고구려 수도였던 국내성 동쪽 국강상(國岡上)에 대왕의 능과 함께 세워졌다. 능비는 집안현(輯安縣)의 현청 소재지 통구성 대왕촌 대비가(通溝城太王村大碑街)에 서있으며, 비의 서남쪽 약300m지점에 대왕의 능으로 추정되는 태왕릉(太王陵)이 있다. 현재는 중국당국에 의해 단층의 대형 비각 속에 있으며, 비(碑)주위는 보호구역으로 설정되어 철책으로 된 담장이 설치되어 있다.

18. 長壽王陵

長壽古陵薦酒肴
장 수 고 릉 천 주 효
集安東麓墓容嶠
집 안 동 록 묘 용 교

嶺風颯颯歌王艶
영 풍 삽 삽 가 왕 염
山鳥怡怡頌帝媌
산 조 이 이 송 제 묘

征濟洌沿旬郡略
정 제 열 연 순 군 략
伐羅錦岸兩州捎
벌 라 금 안 양 주 소

進軍樂浪終遷闢
진 군 낙 랑 종 천 벽
蓋世雄名萬世呶
개 세 웅 명 만 세 노

▼ 주(註)

1) 樂浪 : 한사군 때 하나의 군 이름.

장수왕릉

장수왕릉에 술과 안주를 올리니
집안 동쪽 기슭에 무덤이 높도다.

영풍은 살랑 불어 왕을 노래함이 아름답고
산새는 지지배배 왕을 찬송함이 곱도다.

백제를 정벌하여 강을 따라 열군을 차지하고
신라를 공략하여 금강가 두 군을 공략하였도다.

평양을 진군하여 도읍을 옮기고
개세의 영웅의 이름 만세에 들리리로다.

✓ 해제(解題)

장수왕릉(長壽王陵)은 중국 길림성 집안현에 있는 고구려의 석릉으로, 고구려 최대의 무덤인 태왕릉, 사신총 등 석릉과 토분 1만기가 있으나, 외형이 완전한 능은 이것뿐이다.

화강암 표면을 정성들여 가공한 절석(切石)을 7단의 스텝 피라미드형으로 쌓았는데, 기단의 한 변 길이 33m, 높이 약 13m이다. 기단의 둘레에 너비 4m로 돌을 깔았으며, 그 바깥둘레에 너비 30m의 역석을 깔아 능역을 표시하였다. 묘실(墓室)은 화강암의 절석을 쌓아 지었는데, 천장석이 있는 횡혈식이며, 2개의 관대가 있다. 집안현은 3세기 초부터 427년까지 고구려가 도읍하였다.

19. 千里長城

秋晩卑沙意氣豪
추 만 비 사 의 기 호
遼東探史高墻高
요 동 탐 사 고 장 고

防胡垣壁萬年固
방 호 원 벽 만 년 고
護國長城千里濤
호 국 장 성 천 리 도

淵蓋守堅三次勝
연 개 수 견 삼 차 승
煬王侵入每回逃
양 왕 침 입 매 회 도

失眸隋帝未爲改
실 모 수 제 미 위 개
偉也蘇文風怒號
위 야 소 문 풍 노 호

주(註)

1) 煬王 : 수양제를 이른다.

2) 眸 : 눈동자 모.

천리장성

늦가을 비사성에 의기가 호걸찬데
요동에 역사를 찾아가니 옛 성이 높도다.

방호 담의 성벽이 만년에 단단하고
호국 장성은 천리의 파도 같도다.

고구려 장수 연개소문은 세 차례나 이기고
수 양제는 내침하여 매번 도망갔도다.

눈을 잃은 수 양제는 회개할 줄 모르고
위대하도다! 연개소문 호령이 추상같도다.

해제(解題)
천리장성(千里長城)은 고구려 말 서부 국경의 방어를 위해 축조한 성으로, 당 태종이 세계 제국을 건설하려는 야심을 드러내자 고구려는 당나라의 침략에 대비하여 장성을 쌓았다. 동북으로 부여성(扶餘城) 지금 농안에서 서남쪽으로, 발해만의 비사성(卑沙城) 지금 대련에 이르기 요하(遼河) 좌안을 따라 1,000리에 걸친 장성으로, 16년의 기간이 소요되어 647년에 완성하였다. 삼국유사에는 연개소문의 주청으로 천리장성이 축조되었다고 하였으나, 삼국사기에는 영류왕의 명으로 연개소문이 632년부터 공사를 감독하였다고 한다. 공사를 감독하던 연개소문은 642년 10월 군사를 이끌고 평양성으로 들어가, 영류왕을 살해하고 스스로 대 막리지가 되어 독재정치를 실시하였다.

20. 卑沙城

秋晚卑沙麥穗歌
추 만 비 사 맥 수 가
大連北岸古城珂
대 련 북 안 고 성 가

萬年遼水似銀帶
만 년 요 수 사 은 대
千里長埒如彩羅
천 리 장 부 여 채 라

勝戰蘇文攻北進
승 전 소 문 공 북 진
敗醒煬帝夢南柯
패 성 양 제 몽 남 가

興亡元是世間事
흥 망 원 시 세 간 사
彼我盛衰無奈何
피 아 성 쇠 무 내 하

∀ 주(註)

1) 麥穗歌 : 기자가 멸망한 그의 조국 은(殷)나라의 도읍지를 지나며 읊었다는 노래.

비사성

늦가을 비사성에서 맥수가를 부르니
대련 북쪽 언덕에 옛 성이 아름답도다.

만년 요하의 물은 은빛 띠를 닮았고
천리의 장성은 비단 빛같이 곱도다.

승리한 연개소문은 북진해 공격하고
패망한 수 양제는 남가일몽을 깼도다.

흥망은 원래 세간에 있는 일인데
피아에 성쇠인들 어찌할거나.

✔ 해제(解題)

비사성(卑沙城)은 중국 요녕성 요하유역에 있는 고구려 성(城)이다. 수 양제와 당 태종의 고구려 침입과 관련이 있는 성이다. 성벽의 길이는 약 5km이며 석회암 돌로 쌓은 석축산성이다. 금주구 시가지에서 동북쪽으로 20km 떨어진 대흑산에 있다. 해발 663m의 산정을 동북쪽 정상을 삼아 성벽을 축조한 포곡식 산성이다. 비사성은 중국에서 평양에 갈 때 꼭 들러야하는 교통의 요로에 있어 역사적으로 침략을 많이 받은 곳이다. 고구려 천리장성이 이곳으로부터 시작된 곳이다. 645년 보장왕 4년에 당나라가 수군(水軍)을 거느리고 비사성을 엄습하였다. 비사성은 삼면이 절벽으로 서문으로만 오를 수 있는데, 치열한 전투에 견디어내는 많은 역사를 가지고 있다.

21. 英城子山城

安市墻頭雪亂麻
안 시 장 두 설 란 마
黑山南麓古城嘉
흑 산 남 록 고 성 가

萬春防禦對嫌客
만 춘 방 어 대 혐 객
煬帝來侵尋友家
양 제 래 침 심 우 가

句將進攻如猛帥
구 장 진 공 여 맹 수
隋兵屍體似浮槎
수 병 시 체 사 부 사

遼河敗戰若蛇走
요 하 패 전 약 사 주
寂寞夕陽歸路遐
적 막 석 양 귀 로 하

주(註)
1) 萬春 : 고구려 명장 양만춘을 이른다.
2) 煬帝 : 수나라 제2대 황제를 말한다.

영성자산성

안시성 위에 눈이 펄펄 날리는데
흑산 남쪽 기슭에 옛 성이 아름답도다.

양만춘 장군은 싫은 적을 대하여 방어하고
수양제는 친구 집처럼 내침하였도다.

고구려 장수는 맹호처럼 진격하니
수병의 시체가 뗏목처럼 요하에 떠있도다.

요하 전투에 대패하여 뱀처럼 달아나니
적막한 해지는데 귀로가 멀기만 하도다.

▼ 해제(解題)

영성자산성(英城子山城)은 중국 요녕성 해성시 동남쪽 7.5km 영성자둔에 위치한 고구려산성으로 1926년에 발견된 이래 고구려 안시성으로 비정되고 있다. 산성의 지형은 동·북·남 3면이 비교적 높고, 서쪽면이 낮아 조그만 계곡이 형성되어 있다. 자연 지세를 따라 판축기법으로 축조한 토축산성이다. 전체 길이가 2,472m이고, 서벽은 488m로 판축하였으며, 서벽 계곡부에는 너비 40m의 수문이 시설되어있다. 여기서 100m정도 북쪽에 이 성의 정문 서문지가 있다. 성내에 4개의 우물이 있으며 수뇌(水牢)라고 부르는 돌로 쌓은 유적지 3곳이 있다. 고구려 명장 양만춘이 수 양제의 30만 대군을 물리쳐, 양제가 패전 도주한 찬란한 역사로, 고구려의 자랑감인 성이다.

22. 燕州城

秋晚燕州太子陽
추 만 연 주 태 자 양
碧江右岸古城堂
벽 강 우 안 고 성 당

野風颯颯旌君讚
야 풍 삽 삽 정 군 찬
灘籟滔滔頌句長
탄 뢰 도 도 송 구 장

敵陣難攻鼞響斷
적 진 난 공 당 향 단
我軍易守凱歌莊
아 군 이 수 개 가 장

四隣親近於三寸
사 린 친 근 어 삼 촌
不義天枷不可忘
불 의 천 가 불 가 망

▿ 주(註)

1) 鼞 : 북소리 당.

연주성

늦가을 연주 끝 태자하 양지에
벽강 오른쪽 언덕에 옛 성이 당당하도다.

들바람 살랑 불어 길이 임금을 찬양하고
여울소리 도도히 고구려를 기려 노래하는도다.

적진의 공격이 어려워 북소리 끊어지고
우리 군은 지키기 쉬우니 개선가가 장엄하도다..

사방 이웃은 삼촌보다도 가까운 것인데
이웃나라 불의에 천벌이 있을 것이니 잊지 말아라.

▼ 해제(解題)

연주성(燕州城)은 중국 요녕성(遼寧省) 등탑현(燈塔縣)에 있는 고구려의 산성으로, 벽의 총길이 2.2km, 높이 약 10m, 너비 4m정도가 된다. 등탑현의 동남쪽 관둔촌 성문구촌의 북쪽에 위치한다. 이 산성은 동북이 높고 서남이 낮은 독립된 구릉에 위치하며, 성의 동남쪽 벽 아래에는 태자하(太子河)가 서쪽으로 굽이쳐 흐른다. 성의 축조방식은 안팎을 축조한 내외 협축이다. 서쪽 성벽은 70m 간격으로 5개의 치(雉)로 즉 성에서 돌출시켜 쌓은 성벽에 돌출되어있다. 치의 크기는 대략 높이 5m, 너비 5.3m정도이며, 하단부는 돌을 다듬어 계단식으로 쌓아 고구려의 석축 성벽 축조방식을 보여준다. 고구려의 백암성으로 비정되며, 동북지방에 현존하는 고구려 고성 가운데 가장 위용이 당당하고 견고하게 쌓은 성으로 평가된다.

23. 遼東城

古堞遼東如鐵庚
고 첩 요 동 여 철 경
高麗匠術使人驚
고 려 장 술 사 인 경

蒼江滾滾地端混
창 강 곤 곤 지 단 혼
白塔堂堂天際明
백 탑 당 당 천 제 명

敵帝來侵盲隻失
적 제 래 침 맹 척 실
我兵善阻凱歌琤
아 병 선 조 개 가 쟁

喊聲振動山河震
함 성 진 동 산 하 진
追擊行軍我旗瑛
추 격 행 군 아 기 영

∀ 주(註)
1) 敵帝 : 당나라 태종이 안시성에서 눈에 화살을 맞은 것을 이른다.

요동성

요동 옛 성이 철옹성같이 견고하니
고구려 장인 기술이 사람을 놀래키는구나.

창강은 끊임없이 흘러 땅 끝에서 희미하고
백탑은 당당하여 하늘 끝에 밝았도다.

적제는 내침하며 한쪽 눈이 멀었고
우리 군은 잘 막아 개가의 노래 아름답도다.

함성이 진동하니 산하가 떨고
추격하는 우리 군의 깃발이 빛나도다.

▼ 해제(解題)

요동성(遼東城)은 만주 부근에 있는 고구려 성(城)으로, 요동수변(遼東水邊)에서 가장 험하고 견고한 고구려 요새이다. 612년과 613년 수나라 1, 2차 고구려 침입 때 적이 비루(飛樓 : 높은 널빤지 집으로 위에 쇠가죽을 덮고 긴 사닥다리를 붙여 그 위에 올라 성문을 공격하는 것), 동차(橦車 : 큰 궤에 바퀴를 달고 그 속에서 쇠뭉치 같은 것으로 성 밑을 파서 공격하는 것)와 운제(雲梯 : 바퀴 여섯 개를 달고 그 위에 사닥다리 두 개를 연결하여 접었다 폈다 하여서 성벽을 공격하는 기계) 같은 것으로 맹렬히 공격하였으나 성의 방어가 워낙 튼튼하여 함락할 수 없었다.

24. 龍潭山城

古壘龍潭嵐氣青
고 루 용 담 람 기 청
探尋句史至遼寧
탐 심 구 사 지 요 령

城容四角終難陷
성 용 사 각 종 난 함
絶壁三方永不零
절 벽 삼 방 영 불 령

濫勿侵攻多戰敗
남 물 침 공 다 전 패
嚴禁投石一塘靈
엄 금 투 석 일 당 령

丈夫杖劍墻頭吼
장 부 장 검 장 두 후
獅子雄姿萬里熒
사 자 웅 자 만 리 형

용담산성

용담 고성에 산기운이 푸른데
고구려 역사 탐방 차 요녕에 왔도다.

성 모양이 사각으로 끝내 함락이 어렵고
절벽이 삼방에 있어 기리 떨어지지 않는도다.

함부로 침공하지 마라 패망 할 것이요
투석을 엄금하라 큰 연못이 신령스럽도다.

대장부가 큰 칼 잡고 성 위에서 외치니
사자의 용감한 모습 만 리에 빛남이로다.

해제(解題)

용담산성(龍潭山城)은 중국 길림성 길림시에 있는 고구려 산성(山城)이다. 길림시에서 동쪽으로 7km 떨어져 있는 용담산에 있다. 용담산은 해발 388m로 산세가 빼어나고 웅장하며 산성은 능선을 따라 축조되었다. 주변의 산세가 높고 성안은 낮아 마치 분지와 같은 형태다. 성벽은 돌과 흙을 혼합하여 축조하였는데, 다만 서쪽 성벽의 일부는 순수하게 황토 흙을 다져 쌓았다. 밑바닥 너비는 3m에서 10m, 윗부분은 1m에서 2m정도이다. 성벽의 높낮이는 지세가 높은 곳은 낮게 쌓고, 지세가 낮은 곳은 높게 쌓았다. 성벽의 길이는 약 2.4km이고, 산성의 평면은 불규칙하다.

25. 鳳凰山城

盛夏遼寧暑氣蒸
성 하 요 령 서 기 증
鳳凰皇堞老騷登
봉 황 황 첩 노 소 등

東西峻嶺谷包塞
동 서 준 령 곡 포 색
南北開門相互應
남 북 개 문 상 호 응

句將撤軍從理諭
구 장 철 군 종 리 유
隋師首肯叩頭承
수 사 수 긍 고 두 승

乃滔大澤亡兵走
내 도 대 택 망 병 주
天命如雷伏地兢
천 명 여 뢰 복 지 긍

∀ 주(註)
1) 句將 : 고구려 을지문덕 장군을 이른다.
2) 隋師 : 수나라 장수 우문술을 이른다.

봉황산성

한 여름 요녕에 더위가 한창인데
봉황산 옛 성에 늙은 나그네가 올랐도다.

동서의 높은 산을 이어 성을 쌓고
남북에 문을 내어 서로 응답하게 하였도다.

을지문덕 장군이 이치로 철군을 타이르니
수장 문술이 수긍하여 조아려 승복하였도다.

이에 수병이 살수에 빠져 도망가다 패하니
우레 같은 천명에 땅에 엎드려 두려워하도다.

✔ 해제(解題)

봉황산성(鳳凰山城)은 중국 요녕성 단동시 봉성만족 자치현에 위치한 고구려 산성으로 봉성현에서 동남쪽으로 4km 떨어진 봉황산에 있다. 압록강 하구와 요동평야 사이의 천산산맥 협곡 남단에 위치하며, 요동평야와 압록강을 잇는 교통로로 이용되었다. 지금도 남쪽 2.5km 지점에 고려역(高麗驛)이 있다. 이 성은 중국 경내에서 확인된 고구려 산성 중 규모가 가장 크며, 고구려 오골성(烏骨城)으로 비정되고 있다. 전체 둘레가 16km이고, 석축성벽은 7,5km이며, 비교적 2,5km가 잘 남아있다 동북벽 길이는 4km나 된다. 고구려 장수 을지문덕이 수장 우문술에게 거짓으로 항복하고 회군을 권유하여, 이에 설복당한 수장이 회군하는 것을 요하 대택에서 섬멸한 일화가 전해지고 있다.

26. 城山石城

冬晚遼寧寒氣尤
동 만 요 령 한 기 우
城山北岸古城幽
성 산 북 안 고 성 유

將臺烽燧萬年秀
장 대 봉 수 만 년 수
衡水碧河千里流
형 수 벽 하 천 리 류

居處淵師其女守
거 처 연 사 기 녀 수
擊胡溫將凱歌留
격 호 온 장 개 가 류

朔風杖劍墻端立
삭 풍 장 검 장 단 립
遙望東天獨自愁
요 망 동 천 독 자 수

∨ 주(註)

1) 淵師 : 연개소문을 이른다.

2) 溫將 : 고구려 제28대 왕 보장왕 때의 장수.

성산석성

한겨울 요령에 한기가 심한데
성산 북쪽 언덕에 옛 성이 그윽하도다.

장대와 봉수는 만년에 빼어났고
형수와 벽하는 천리를 흐르도다.

연개소문이 거처하고 그 딸이 성을 지켰으며
온사문 장수가 오랑캐를 물리쳐 개가가 들리도다.

삭풍에 칼을 잡고 성 위에 섰으니
멀리 동천에 옛 우리땅을 보니 시름에 잠기도다.

∀ 해제(解題)

성산석성(城山石城)은 고구려의 요동을 지키는 관문으로, 연개소문의 딸인 우리나라 최초의 여장군 연수영 장군이 지키던 성이다. 산성 둘레는 약 3km 정도 되며, 압록강 이북의 고구려 산성 가운데 옛 모습이 가장 잘 남아있는 산성으로, 고구려 산성의 특징을 잘 볼 수 있는 성이다. 경치가 빼어난 자연 절벽을 활용한 성벽 아래로 계곡이 흘러 자연 해자를 이루고 있는 이 성은 고구려성이라고 이름 하는데, 네모나게 툭 튀어나온 치가 잘 보존되어 있었으나 최근에 중국에서 지붕 모양이나 성벽을 복원하여 우리 고구려 풍에 벗어난 감을 주고 있다.

27. 蒼岩城

冬至吉林寒氣侵
동 지 길 림 한 기 침
蒼岩古壘馬停臨
창 암 고 루 마 정 림

集安女堞中間在
집 안 여 첩 중 간 재
渾水開河合水深
혼 수 개 하 합 수 심

胡寇急攻烽燧役
호 구 급 공 봉 수 역
隋唐來襲阻牌任
수 당 래 습 조 패 임

王都守護要衝路
왕 도 수 호 요 충 로
遙望西天紅日沈
요 망 서 천 홍 일 침

▽ 주(註)

1) 隋唐 : 수나라와 당나라.

창암성

동지 길림에 한기가 스며드는데
창암의 고성에 이르렀도다.

집안과 오녀성의 중간 지점이요
혼강 관벽 개하 합수지점으로 깊도다.

오랑캐가 급공하면 봉수 역할하고
수당이 습격하면 방패하는 소임을 했도다.

왕도를 보호하는 요충로인데
서쪽 하늘 바라보니 붉은 해가 지는도다.

▼ 해제(解題)

창암성(蒼巖城)은 길림성 집안시 재원향 패왕조촌(覇王朝村) 동북쪽에 있으며, 석축 규모가 1,260m로 길림성 지정 문화재 보호지역으로 되어 있다. 1989년 출판한 <동북역사지리>에는 패왕조산성을 위나암성이라고 주장하고 있다. 한편 <중국역사지도집>에는 패왕조산성을 창암성(蒼巖城)이라고 비정하였다. 이 성은 집안에서 97km 떨어진 곳에 위치하고, 혼강에서 신개하를 통해 집안(集安)으로 쳐들어오는 적군을 막는 중요한 성이었다. 동쪽 성벽은 298m, 서쪽 성벽은 420m, 남쪽 성벽은 247m, 북쪽 성벽은 295m, 둘레는 1,260m로 성벽의 남쪽부분이 잘 보존되어 있다.

28. 新城

秋孟新城探史覃
추 맹 신 성 탐 사 담
將軍峰下古墻甘
장 군 봉 하 고 장 감

江風千里頌王數
강 풍 천 리 송 왕 삭
山鳥萬年歌德諵
산 조 만 년 가 덕 남

隋帝再三攻擊醜
수 제 재 삼 공 격 추
吾師每樣退侵奄
오 사 매 양 퇴 침 암

句麗故土今何處
구 려 고 토 금 하 처
遙望乾坤痛恨含
요 망 건 곤 통 한 함

▼ 주(註)

1) 吾師 : 우리 장수 즉 고구려 장수를 이른다.

신성

첫가을 신성의 역사 탐방 차 이르르니
장군봉 아래 옛 성이 아름답도다.

천리 강풍은 왕을 찬송하여 끝이 없고
만년 산새는 제왕의 덕을 노래하며 들래도다.

수 임금은 재삼 침공하니 추하고 초라한데
고구려 우리 장수는 매양 격퇴하여 아름답도다.

고구려 옛 땅은 지금 어디에 있는고
멀리 넓은 땅을 바라보며 통한에 젖어있도다.

해제(解題)

신성(新城)은 요녕성 무순시 고이산에 있는 고구려 초기의 토성으로, 고이산성으로도 불린다. 지금은 고이산 입구에 있던 성문과 성벽의 흔적을 볼 수 없다. 신성은 요동에서 고구려로 들어가려면 반드시 거쳐야하는 길목으로, 교통의 요지이자 전략적 요충지로 667년 함락 전까지 가장 강력한 방어선으로 손꼽혔다. 고구려 고국원왕이 쌓은 것은 서북신성으로 불린다. 서북신성은 현재 무순의 고이산성으로 335년에 지금의 신성을 쌓았다고 하며, 339년에 모용황이 신성을 공격하였다가 맹약을 맺고 철군하였다고 한다.

29. 國內城

秋晩吉林秋色豔
추 만 길 림 추 색 염
鴨江近岸古城嚴
압 강 근 안 고 성 엄

江風颯颯簫王唱
강 풍 삽 삽 소 왕 창
嶺籟滔滔笛帝恬
영 뢰 도 도 적 제 념

堯舜謳歌千世詠
요 순 구 가 천 세 영
好長讚頌衆民添
호 장 찬 송 중 민 첨

遼東萬里句麗土
요 동 만 리 구 려 토
聖代追懷殘暮瞻
성 대 추 회 잔 모 첨

∨ 주(註)

1) 好長 : 호태왕과 장수왕을 이른다.

국내성

늦가을 길림에 추색이 짙은데
압록강 언덕에 옛 성이 엄엄하구나.

강풍은 살랑 불어 왕을 기려 노래하고
영뢰는 도도하여 임금을 찬송하는도다.

요순 성대를 방불하여 기려 노래 부르고
호태왕과 장수왕을 기려 만민이 공경을 더했도다.

요동 땅 만 리가 고구려 땅이었는데
성대를 추회하며 넘어가는 해를 바라본다.

▼ 해제(解題)

국내성(國內城)은 고사에 주몽이 부여에서 난을 피하여 졸본에 이르렀다고 하는데, 졸본이 첫 번째 수도인 홀승골성과 같은 곳이다.

고구려의 두 번째 수도로 유리왕 22년에 국내성으로 옮겼는데, 위치가 대체로 길림성 집안현에 있는 성터라는 설이 가장 유력하다. 또한 광개토왕비에 나오는 통구성(通溝城)이 국내성이라고 보고 있다. 국내성 성벽의 길이는 2,686m이며, 동서가 남북에 비해 약간 길다. 집안현 서북쪽 2.5km 지점에 산성자산성, 위나암성이 있는데, 평지에 있는 국내성이 공격받을 경우에 이곳으로 피란하여 대적하였던 것으로 보인다. 고구려는 기원 427년(장수왕 15) 국내성에서 평양으로 천도하였다.

30. 卒本城

花爛春城景色咸
화 란 춘 성 경 색 함
桓仁高岸古墻巖
환 인 고 안 고 장 암

朱蒙肇國祚王壯
주 몽 조 국 조 왕 장
卒本奠都宮闕巉
졸 본 전 도 궁 궐 참

堯舜謳歌賢帝數
요 순 구 가 현 제 삭
東明讚頌聖皇諵
동 명 찬 송 성 황 남

漢詩習作十年歷
한 시 습 작 십 년 력
歷日漸難投筆緘
역 일 점 난 투 필 함

졸본성

화란 춘성에 경치가 다 아름다운데
환인 높은 언덕에 옛 성이 험준하구나.

주몽은 나라 세우고 왕위에 오르니 장하고
졸본에 도읍을 정하니 궁궐이 높도다.

요순 닮은 현제를 구가하여 끊임없고
동명성왕을 찬송하여 들래도다.

한시 습작이 십년이 지났는데도
날이 갈수록 점점 어려워지니 투필하리로다.

졸본성(卒本城)은 중국 요녕성 본계시 환인 민족 자치현 오녀산성으로 비정되는 삼국시대 고구려의 석축 성곽 산성이다. 광개토왕 비문에는 홀본(忽本), 삼국사기 고구려본기에는 '졸본'이라고 하였으며, 위서(緯書) 고구려전에는 '홀승골성'으로 되어있다. 모두 같은 지역을 가리키는데 만주 환인 북쪽에 있는 오녀산성으로 지목된다. 요동에 있는 고구려 수도였으며, 공민왕 때 세 번의 요동성을 공략했으나 자세한 내용을 알 수 없으나 다시 빼앗긴 것 같다. 공민왕이 이성계에게 영토 확장을 하라 시켰으며, 공민왕이 3차에 걸쳐 요동성을 공략하라 시켰지만 공략에는 성공하였다지만, 세 줄만 축약되어있어 자세한 내용은 알 수 없다. 지금 남아있는 성벽의 높이는 3~6m이며, 부근에는 고력묘자촌, 적석총을 비롯한 많은 고분군이 있다.

瑩峯漢詩集
震國詠歌

第2部
新羅詠歌

31. 羅井

探訪月城徐伐東
탐 방 월 성 서 벌 동
金鰲山下古泉朧
금 오 산 하 고 천 용

嶺飂颯颯國亡辨
영 료 삽 삽 국 망 변
竹籟諵諵文物崇
죽 뢰 남 남 문 물 숭

馬去池邊光巨卵
마 거 지 변 광 거 란
卵開井畔誕英雄
난 개 정 반 탄 영 웅

六村民衆推王朴
육 촌 민 중 추 왕 박
樂浪千年萬里風
낙 랑 천 년 만 리 풍

주(註)

1) 六村 : 신라의 기본이 된 서라벌의 여섯 부락. 씨족집단으로 육부촌이라고도 한다.

2) 金鰲山 : 산 이름.

나정

탐방하는 경주는 신라의 동쪽인데
금오산 아래 옛 샘에 달빛이 비치도다.

고개 바람이 불어오니 망한 나라의 변이요
피리소리 시끄러운 문물이 높도다.

말이 머물던 못가 빛나는 커다란 알이요
알에서 깬 우물 언덕에서 태어난 영웅이로다.

육촌장 백성이 임금으로 추대한 박씨 왕이요
낙랑 천년의 역사가 만리에 불어오는 바람이로다.

▼ 해제(解題)

나정(蘿井) : 경상북도 경주시 탑동. 사적 제245호.
진한의 고허촌장 소벌도리공이 하늘에서 오색찬란한 빛이 나정을 비추고, 샘 옆에는 흰 말이 상서로운 그 빛을 향해 절을 하는 것을 보고 가보니 인기척을 들은 흰 말은 구름을 헤치고 하늘로 사라지고, 붉은 알 하나가 빛나고 있었다. 알 속에서 용모 단정한 아기가 태어났다. 아기는 자라면서 유달리 총명하고 숙성하였다. 아이가 열세 살 때 진한의 육부촌장들이 나라를 세우고 그 아이를 받들어 왕으로 삼았다. 새 나라가 탄생하였으니 나라 이름은 서라벌, 첫 임금 이름은 박혁거세 거서간이었다.

32. 閼英亭

探訪東京時孟冬
탐 방 동 경 시 맹 동
南川汀畔一亭恭
남 천 정 반 일 정 공

檐端高岫青霞艶
첨 단 고 수 청 하 염
柱下靈池彩影丰
주 하 영 지 채 영 봉

朴主迎妃因智婦
박 주 영 비 인 지 부
閼英生誕自長龍
알 영 생 탄 자 장 용

新羅國史浮雲去
신 라 국 사 부 운 거
憶思千年遠寺鐘
억 사 천 년 원 사 종

∨ 주(註)
1) 朴主 : 박혁거세를 이른다.

알영정

시회로 경주를 찾아가는 겨울인데
남천 물가 언덕에 한 정자 공손하도다.

처마 끝 높은 산에 푸른 안개가 고운데
기둥 아래 신령한 연못 그림자 빛나 예쁘도다.

박왕이 왕비를 맞은 알영은 지혜로운 부인이요
알영이 태어난 아주 큰 용으로 부터이다.

신라의 역사가 떠있는 구름 가듯 가고
천년의 역사를 생각하는데 멀리 종소리 울리도다.

✔ 해제(解題)

알영정(閼英亭) : 경상북도 경주시 탑동 77번지에 있다.
오릉의 숭덕전 내에 있는 알영정은 신라 시조 박혁거세의 왕비 알영이 태어난 우물이다. 삼국사기에 박혁거세 5년 정월에 용이 알영정에 나타나 오른쪽 갈빗대에서 계집아이 하나를 낳았다. 늙은 할멈이 보고는 계집아이를 데려다 길렀고 그 우물이름으로 계집아이의 이름을 지었다는 기록이 있다. 삼국유사에도 사량리(沙梁里) 알영정에 계룡이 나타나 왼쪽 갈비에서 계집아이를 낳았다는 기록이 전한다.

33. 五陵

探訪慶州過漢江
탐 방 경 주 과 한 강
錦芝冬苑古封釭
금 지 동 원 고 봉 강

五陵疊疊覆荒草
오 릉 첩 첩 복 황 초
孤碣蕭蕭王朴邦
고 갈 소 소 왕 박 방

三姓遞番遷祚壯
삼 성 체 번 천 조 장
千年社稷捧持厖
천 년 사 직 봉 지 방

松聲悵悵風來地
송 성 창 창 풍 래 지
東思回思月滿窓
동 사 회 사 월 만 창

주(註)

1) 錦芝 : 경주에 있는 산 이름.
2) 朴邦 : 박혁거세 부부, 제2대 남해왕, 제3대 유리왕, 제5대 파사왕이 묻힌 묘역.

오릉

경주를 찾아 한강을 지나는데
금지산 겨울 동산에 한 능이 등잔 같도다.

오릉엔 첩첩이 거친 풀이 덮인 능이요
외로운 비엔 쓸쓸한 박씨의 땅이도다.

세 성이 번갈아가며 임금에 오른 것이 장하고
천년 사직을 받들어 지탱해온 나라로다.

솔 소리 슬프게 슬픈 바람 불어오는 땅인데
역사를 돌아보는데 창에 달빛만 가득하도다.

해제(解題)

오릉(五陵) : 경상북도 경주시 탑정동 67번지. 사적 제172호.
오릉은 신라 고분으로 위치는 경주시의 남쪽 교외이며 남산의 고분군은 동고서저(東高西低)의 구릉성 평지로 남산의 서북쪽에 있는 도당산에서 서쪽으로 낮은 경사면에 있다. 여기에는 모두 5기의 봉토분이 남아 있어 오릉이라 부르고 있다. 신라 초 왕릉으로 시조 박혁거세와 알영부인, 제2대 남해왕, 제3대 유리왕, 제5대 파사왕 등 5명의 분묘라 전해진다. 일명 사릉(蛇陵)이라고도 하는데 이는 박혁거세가 승하하신 후 7일 만에 그 유체(遺體)가 다섯 개로 땅에 떨어졌으므로 합장하려 하자 큰 뱀이 방해하므로 다섯 군데에다 매장하였다는 삼국유사의 기록에서 연유되었다.

34. 天馬塚

樂浪巨墳徐伐支
낙 랑 거 분 서 벌 지
皇南陵苑一封奇
황 남 릉 원 일 봉 기

嵬嵬鳳卵思英主
외 외 봉 란 사 영 주
累累高墦憶舊時
누 누 고 번 억 구 시

天馬天長千里驅
천 마 천 장 천 리 구
金冠金帶萬年琦
금 관 금 대 만 년 기

新羅國運與雲散
신 라 국 운 여 운 산
回想古墟遊子悲
회 상 고 허 유 자 비

▼ 주(註)

1) 天馬 : 천마총에 있는 하늘을 나는 천마의 그림으로, 옛 신라의 유일한 미술품이다.

천마총

경주의 큰 능이 신라를 지탱하는데
황남의 능원에 한 무덤이 기이하도다.

높은 봉황의 알은 영명한 임금을 생각하게 하고
쌓인 높은 무덤은 옛날을 추억하도다.

천마가 하늘에서 천리를 달리고
금관과 금대는 만년에 아름답도다.

신라의 국운이 구름 가듯이 흩어진 속에
옛터에서 돌아보는 나그네의 슬픔이로다.

▼ 해제(解題)

천마총(天馬塚) : 경상북도 경주시 황남동.
고분군에 속하는 제155호 고분인 천마총은 신라 22대 지증왕의 능으로 추정되고 있다. 신라 특유의 적석 목곽분으로 천마도장니, 금관, 금모를 비롯하여 많은 유물이 출토되었다. 이중 순백의 천마 한 마리가 하늘로 날아 올라가는 그림이 그려진 자작나무 껍질로 만든 천마도장니는 회화 자료가 전혀 발견되지 않았던 신라의 유일한 미술품이라는데 큰 의의를 가진다. 그러한 연유로 이 고분에 천마총이라는 이름이 붙여졌으며, 현재 무덤 내부를 복원하여 공개하고 있다.

35. 瞻星臺

徐伐東都寒氣微
서 벌 동 도 한 기 미
南川北岸古臺機
남 천 북 안 고 대 기

夏雲冬霧千年立
하 운 동 무 천 년 립
秋雨春風萬里飛
추 우 춘 풍 만 리 비

探究天文銀漢遠
탐 구 천 문 은 한 원
糾明辰月斗牛巍
규 명 진 월 두 우 외

山含亡國滔滔恨
산 함 망 국 도 도 한
沸曉淑星昴色稀
비 효 숙 성 묘 색 희

∨ 주(註)

1) 昴 : 별이름 묘. 이십팔수의 하나.

첨성대

신라의 서울 찬기가 가셨는데
남천 북쪽 언덕에 첨성대가 상서롭도다.

여름 구름 겨울 안개 천년에 서있고
가을비 봄바람이 만리까지 불도다.

천문을 탐구하는 은하수는 멀고
별 달을 규명하는 북두 견우성이 높도다.

산은 망국의 도도한 한을 머금었는데
타오르는 동천에 별빛이 희미하도다.

▼ 해제(解題)

첨성대(瞻星臺) : 경상북도 경주시 인왕동에 있다. 국보 제31호.
첨성대는 동양에서 가장 오래된 천문대로 첨성대를 쌓은 돌이 모두 361개 반이며 음력 일년의 날수와 같다. 원주형으로 쌓은 석단은 27단인데, 맨 위의 井자 모양의 돌까지 따지면 모두 28단으로 기본 별자리 28수를 상징한다. 석단 중간의 네모난 창 아래위 12단의 석단은 12달, 24절기를 의미한다고 한다. 첨성대 위 井자 모양은 신라 자오선의 표준이며 첨성대는 갖가지 상징과 과학적인 구조를 갖추고 있으며 둥근 하늘과 네모난 땅을 상징하는 사각형과 원형을 적절히 배합했다. 제27대 선덕여왕 때 축조되었으며 국보 제31호로 지정되어 있다.

36. 東宮月池

徐伐蓮潭遊躍魚
서 벌 연 담 유 약 어
東宮庭內北亭琚
동 궁 정 내 북 정 거

蕭蕭淸渚泳雙鴨
소 소 청 저 영 쌍 압
艶艶淨池浮數蕖
염 염 정 지 부 수 거

霓舞笛聲英彩閣
예 무 적 성 영 채 각
天光雲影照塘除
천 광 운 영 조 당 제

迎春苑裏花開半
영 춘 원 리 화 개 반
待月欄干月上初
대 월 난 간 월 상 초

∀ 주(註)

1) 東宮 : 신라 왕궁의 별궁. 옛날에 안압지라 불리던 곳.

동궁월지

신라 연꽃 핀 못에 고기가 뛰어노는데
동궁 뜰 안에 북쪽 정자가 아름답도다.

적적한 맑은 못에서 노는 한 쌍의 오리요
아름다운 깨끗한 연못에 떠있는 연이로다.

무지개 춤추듯 피리소리 집에 가득 빛나고
하늘빛 구름 그림자 연못가에 비치도다.

봄을 맞은 공원 안에 꽃이 반이나 피었고
달을 기다리는 난간에 달이 올라왔도다.

✔ 해제(解題)

동궁월지(東宮月池) : 경상북도 경주시 인왕동 26. 사적 제18호.

경주 동궁과 월지는 신라 왕궁의 별궁터이다.

통일신라시대 왕궁의 별궁인 동궁은 왕자의 거처 및 연회장소이고 못 주변의 신라시대 것으로 추정되는 건물터 5개 중 임해전을 포함한 3개와 인공 연못 월지(月池)가 복원되어 있다. 임해전은 별궁의 부속건물이지만 비중이 컸고 월지는 신라 원지(苑池)를 대표하는 유적이다. 문화재청이 2011년 임해전지와 안압지를 경주동궁과 월지로 명칭을 변경하였다.

37. 半月城址

孟夏鷄林故國虞
맹 하 계 림 고 국 우
荒臺積歲古城孤
황 대 적 세 고 성 고

綠陰芳草南川去
녹 음 방 초 남 천 거
玄蘚蒼苔月堞枯
현 선 창 태 월 첩 고

彩閣簫聲仙界畵
채 각 소 성 선 계 화
高樓歌舞玉京圖
고 루 가 무 옥 경 도

六宮粉黛爭其艶
육 궁 분 대 쟁 기 염
與水千年共散姝
여 수 천 년 공 산 주

반월성지

초여름 경주의 옛 나라를 생각하는데
황대가 오랜 세월의 옛 성이 외롭도다.

녹음에 꽃이 만발하고 남천은 흘러가는데
검은 이끼 푸른 이끼 달빛성에 말랐도다.

색칠한 집 퉁소소리는 신선계의 그림이요
높은 정자에 가무하는 신선궁이 그림이로다.

육궁 분대가 그 아름다움을 다투는데
물과 더불어 천년을 흘러 흩어져 아름답도다.

✔ 해제(解題)

반월성지(半月城址) : 경상북도 경주시 인왕동 387—1.

반월성은 신라 파사왕 22년에 쌓은 것으로 신라시대 궁궐이 있었던 도성터이다. 지형이 반달처럼 생겨 반월성이라 하며 임금이 계신 성(城)이라 재성이라고 불렀다. 성을 쌓기 전 호공이 살고 있었는데 석탈해가 꾀를 써 호공의 집을 차지했고, 그 얘기를 들은 남해왕이 사위를 삼아 후일 신라 4대 탈해왕이 되었다는 전설이 있다. 성벽 아래로 남천(南川)이 흘러 방어가 되었고 임해전으로 통하는 문터와 북쪽 성벽 밑으로 해자를 파서 성(城)을 보호했음이 발굴조사결과 밝혀졌다.

38. 鮑石亭址

孟夏鷄林夏草齊
맹 하 계 림 하 초 제
金鰲山下古墟瓈
금 오 산 하 고 허 려

爽風添色鮑亭址
상 풍 첨 색 포 정 지
灘籟和音宮鳥啼
탄 뢰 화 음 궁 조 제

翔舞霓裳仙羽艶
상 무 예 상 선 우 염
流觴曲水夜筵禔
유 상 곡 수 야 연 시

千年故國煙霞去
천 년 고 국 연 하 거
京客方吟麥穗悽
경 객 방 음 맥 수 처

∨ 주(註)

1) 麥穗 : 기자가 멸망한 조국 은나라의 도읍지를 읊었다는 노래에서, 망한 나라를 가리킨다.

포석정지

초여름 경주에 여름풀이 가지런한데
금오산 아래 옛 터가 아름답도다.

시원한 바람 더해진 포석정터요
물소리와 어울려 새소리 즐겁도다.

신선 춤추는 신선의 날개가 아름답고
굽이진 물에 술잔 밤 연회가 아름답도다.

천년 고국이 연하에 흘러 가는 속에
서울 나그네 읊는 망국의 슬픔이로다.

✓ 해제(解題)

포석정(鮑石亭) : 경상북도 경주시 배동. 사적 제1호.

포석정은 신라시대 가장 아름다운 이궁지다. 현재는 유상 곡수연을 즐기던 돌홈(곡수거)만 남아 있다. 유상 곡수연이란 수로를 굴곡지게 하여 술잔을 띄우고 그 술잔이 자기 앞에 올 때 시를 읊는 놀이로, 그런 목적으로 만든 도랑을 곡수거(曲水渠)라 한다. 이 놀이의 유래는 헌강왕대(875-885년) 왕이 포석정에 들러 좌우와 함께 술잔을 나누며 즐겼다는 내용이 삼국유사에 기록되어 있다. 또 동국통람에는 경애왕 4년(927년)에 왕이 신하와 술을 마시며 즐기다가 왕비와 함께 견훤에게 잡혀서 자결을 하여 신라의 패망을 재촉하였다고 쓰여 있다.

39. 薛聰墓

四月東京景色佳
사 월 동 경 경 색 가
活山南麓古封娃
활 산 남 록 고 봉 왜

嶺風滾滾大僧戒
영 풍 곤 곤 대 승 계
灘籟滔滔公主階
탄 뢰 도 도 공 주 계

鄕札著書稱學碩
향 찰 저 서 칭 학 석
儒門元祖享文齋
유 문 원 조 향 문 재

吏言整理積功巨
이 언 정 리 적 공 거
追慕思情眞切懷
추 모 사 정 진 절 회

∀ 주(註)
1) 東京 : 경주를 말한다.
2) 鄕札 : 한자의 훈과 음을 빌려 한국어를 표기하는 차자표기 중의 하나.

설총묘

사월 경주의 경치가 아름다운데
활산 남쪽 기슭에 옛 묘가 아름답도다.

산바람 곤곤히 큰 스님을 경계하고
여울소리 도도히 공주의 계단이로다.

향찰 책이 학계에서 크게 일컬어지고
유문에 원조로 문묘에 배향되었도다.

이두를 정리한 공이 아주 큰 속에
추모하며 사모하는 정이 참으로 간절하도다.

▼ 해제(解題)
설총묘(薛聰墓) : 경상북도 경주시 보문동 423.
설총은 삼국유사와 원효불기의 기록을 통해 654년 즈음에 태어나 영특하고 재주가 많아 후생을 가르쳐 유학의 종주가 되었으며, 신라 10현으로 강수, 최치원과 함께 신라 삼대 문장가로 꼽힌다. 특히 이두를 정리하고 신문왕을 풍자하는 화왕계를 지었다는 기록이 삼국사기 설총열전에 실려 있다.

40. 芬皇寺址

孟夏鷄林深霧灰
맹 하 계 림 심 무 회
燼成大刹古墟傀
신 성 대 찰 고 허 괴

綠苔石塔三層有
녹 태 석 탑 삼 층 유
蒼蘚淸泉數鳥來
창 선 청 천 수 조 래

慈曉兩師經錫地
자 효 양 사 경 석 지
芬龍二寺領陶嵬
분 룡 이 사 령 도 외

新羅歷史乘雲去
신 라 역 사 승 운 거
無語荒臺心裏哀
무 어 황 대 심 리 애

✔ 주(註)

1) 慈曉 : 자장율사와 원효스님.

2) 芬龍 : 분황사와 황룡사.

분황사지

초여름의 경주는 짙은 안개로 잿빛인데
불타버린 큰 절의 옛터가 크도다.

이끼 낀 석탑은 삼층만 남아있고
이끼 낀 맑은 샘엔 몇 마리 새만 있도다.

자장과 원효 스님이 머물렀던 곳이요
분황사 황룡사가 불문을 도야함이 높도다.

신라 역사가 구름을 타고 가버렸으니
말없는 절터에 가슴속이 허허롭도다.

✔ 해제(解題)

분황사지(芬皇寺址) : 경상북도 경주시 구황동.

분황사는 선덕여왕 3년(634년)에 건립되었으며, 643년에 자장이 당나라에서 대장경의 일부와 불전을 가지고 귀국하자 선덕여왕은 그를 분황사에 머무르게 하였다. 또한 좌전 북쪽 벽에 있었던 천수대비 그림은 영험이 있기로 유명했다. 고승 자장과 원효가 주석한 곳이며, 솔거가 그린 관음보살상 벽화가 있었다고 하며, 경덕왕 14년(755년)에는 무게가 30만 6,700근이나 되는 약사여래 입상이 있었다고 한다. 몽고의 침략과 임진왜란으로 모두 유실되었고, 지금은 분황사에 둘러쌓은 담장 위로 석탑의 윗부분만이 보이는 자그마한 절이 되었다.

41. 皇龍寺址

孟夏東都夏景眞
맹 하 동 도 하 경 진
南川北岸古墟均
남 천 북 안 고 허 균

弘基累累礎痕舊
홍 기 루 루 초 흔 구
荒址靑靑艿色新
황 지 청 청 잉 색 신

三寶金尊連殿燼
삼 보 금 존 연 전 신
九層木塔共堂塵
구 층 목 탑 공 당 진

千年巨刹浮雲去
천 년 거 찰 부 운 거
花綠盈城又送春
화 록 영 성 우 송 춘

∨ 주(註)
1) 東都 : 경주를 이른다.

황룡사지

초여름 경주엔 여름 경치가 참 좋은데
남천 북쪽 언덕에 옛터가 고르도다.

넓은 터에 쌓인 주춧돌의 흔적이 옛이요
거친 땅의 푸르고 푸른 풀색만이 새롭도다.

삼보 금부처가 집과 함께 불타버렸고
구층 목탑이 집과 함께 티끌이 되었도다.

천년의 큰 절이 구름에 떠가듯 가고
꽃 지고 초록이 성에 가득 차니 또 봄이 가도다.

✔ 해제(解題)

황룡사지(皇龍寺址) : 경상북도 경주시 구황동. 사적 제6호.

황룡사가 창건된 것은 진흥왕 14년(553)이다. 불교가 공인된 법흥왕 이래 흥륜사의 주지였던 불심이 높은 진흥왕은 반월성에 새 궁궐을 지으려는데, 그 자리에 황룡이 나타나 이상히 여겨 절을 짓게 되었다. 황룡사에서는 가람 배치를 남문 3칸, 중문 5칸, 목탑 7칸, 금당 9칸, 강당 11칸으로 점차 칸 수를 늘려 절 안으로 들어갈수록 부처님의 넓은 세계로 들어서는 아늑한 느낌이 들도록 하였다. 황룡사는 4대왕 93년이라는 긴 세월에 걸쳐 완공된 대사찰이었다고 한다.

42. 佛國寺

五月月城花影文
오 월 월 성 화 영 문
吐含山麓古藍芬
토 함 산 록 고 람 분

白青橋上大雄壯
백 청 교 상 대 웅 장
蓮七梁中淨土賁
연 칠 량 중 정 토 분

多寶塔前祈禱伏
다 보 탑 전 기 도 복
釋迦婆下佛恩芸
석 가 파 하 불 은 운

嚴嚴護國千年久
엄 엄 호 국 천 년 구
極樂黎民萬里欣
극 락 여 민 만 리 흔

▼ 주(註)

1) 月城 : 경주를 이른다.
2) 白青 : 백운교와 청운교.
3) 蓮七 : 연화교와 칠보교.

불국사

오월 경주에 꽃들이 아름다운데
토함산 기슭에 옛 절이 향기롭도다.

백운교 청운교 위에 대웅전이 웅장하고
연화교 칠보교 다리 위 극락전이 크도다.

다보탑 앞에서 기도하며 엎드려 있고
석가탑 아래 부처의 은혜가 향기롭도다.

엄엄하게 호국함이 천년의 오래인 속에
극락이 백성들에 만리의 기쁨이 되도다.

▽ 해제(解題)

불국사(佛國寺) : 경상북도 경주시 진현동. 사적 및 명승 제1호.
불국사는 신라 경덕왕 10년(751) 김대성에 의해 기공되고, 혜공왕 10년(774)에 이르러 80여 동의 목조 건물로 신라 호국불교의 도량으로서의 법통을 이어왔다. 불국사가 문화유산으로 나라를 사랑하는 호국정신을 기르는 도량으로서의 옛 모습을 되찾게 하고자 1969년에서 1973년에 걸쳐 창건 당시의 건물터를 발굴, 다시 세움으로서 현재의 모습을 갖추게 된 것이다. 경내에는 통일신라시대에 만들어진 다보탑, 석가탑으로 불리는 3층 석탑, 자하문으로 오르는 청운교, 백운교, 극락전으로 오르는 연화교, 칠보교가 국보로 신라인의 돌을 이용한 예술품의 훌륭함을 알 수 있다. 비로전에 있는 금동비로자나불좌상, 극락전의 금동아미타여래좌상 등 당시의 찬란했던 불교문화를 되새기게 한다.

43. 石窟庵

四月慶州林水元
사 월 경 주 림 수 원
吐含山下一庵琨
토 함 산 하 일 암 곤

嶺風仁面頌天地
영 풍 인 면 송 천 지
松籟佛興歌聖恩
송 뢰 불 흥 가 성 은

去去爲親功石窟
거 거 위 친 공 석 굴
來來致孝剏仙門
내 래 치 효 창 선 문

古今工藝頂頭美
고 금 공 예 정 두 미
美也慈顔微笑痕
미 야 자 안 미 소 흔

석굴암

사월 경주는 산과 물이 으뜸인데
토함산 아래 한 암자가 아름답도다.

영풍은 선비를 기리는 하늘과 땅이요
솔바람은 불교를 일으키는 성은을 노래한다.

가고 가며 어버이를 위한 공이 석굴이요
내내 효를 다해서 선계를 창선하였도다.

고금에 공예의 최고의 아름다움 속에
아름답도다 얼굴에 은근한 웃음의 흔적이 있도다.

✔ 해제(解題)

석굴암(石窟庵) : 경상북도 경주시 진현동. 국보 제24호.

석굴암은 신라 경덕왕 10년(751) 당시의 재상인 김대성에 의해서 창건되었다고 전한다. 석굴암의 조각들은 심오한 믿음과 우아한 솜씨가 조화된 통일신라시대의 가장 뛰어난 세계적인 걸작으로 한국 불교예술의 대표작이다. 굴 가운데에는 높이 3.48m의 여래좌상이 안치되어 있고, 전실과 굴 입구 좌우 벽에는 팔부신장, 인왕 및 사천왕 등의 입상이 불전을 지키고 있다. 굴 내부 본존불 둘레에는 천부입상 2구, 보살입상 2구 및 나한입상 10구를, 본존불 뒤에는 11면 관세음보살입상을 조각하였다. 굴 천장 주위에 10개의 감실에 좌상의 보살과 거사 등이 안치되어 있다.

44. 掛陵

春孟羅都時尚寒
춘 맹 라 도 시 상 한
松林淨岸一陵玕
송 림 정 안 일 릉 간

東西武將萬年護
동 서 무 장 만 년 호
南北虎獅千里看
남 북 호 사 천 리 간

敎化純風三國悅
교 화 순 풍 삼 국 열
育英善政百民歡
육 영 선 정 백 민 환

壯乎元聖讚揚裏
장 호 원 성 찬 양 리
竹帛美名長久桓
죽 백 미 명 장 구 환

주(註)

1) 羅都 : 신라의 도읍지 경주를 이른다.

괘릉

맹춘에 경주는 아직도 찬기가 도는데
솔숲에 깨끗한 언덕에 한 무덤이 아름답도다.

동서양 모습의 무장은 만년을 지키고
남북의 호랑이와 사자는 천리를 감시하도다.

교화시킨 순풍은 삼국의 기쁨이요
인재를 키운 선정은 만민의 기쁨이로다.

장하도다 원성왕을 기리며 드날리는 속에
죽백의 아름다운 이름 오래도록 굳세리라.

해제(解題)

괘릉(掛陵) : 경상북도 경주시 외동읍 괘릉리. 사적 제26호.
신라 원성왕(725-798)의 능으로 추정되는 이 왕릉은 작은 연못에 왕의 유해를 수면상에 걸어 안장하였다고 하여 괘릉이라는 이름으로 알려져 있다. 봉분의 밑둘레에는 12지신상을 새긴 호석을 둘렀고, 돌기둥을 세워 난간을 돌렸으며, 봉분 앞에 안산을 새긴 석상을 놓았고, 돌사자 2쌍과 문인석, 무인석 각 1쌍이 좌우대칭으로 배치되었고, 그 앞에 화표석 2개가 좌우로 있다. 통일신라시대의 완비된 능묘 제도의 대표적인 이 괘릉은 무인석에서도 볼 수 있듯이 당나라와의 문물을 통하여 이루어진 것이지만, 호석에 배치한 활달한 12지신상과 각종 석조물에서 볼 수 있는 조각은 당시 신라인의 독창성과 예술적 감각을 잘 보여주는 것이다.

45. 書出池

四月月城春氣刪
사 월 월 성 춘 기 산

南峰北麓古塘爛
남 봉 북 록 고 당 란

雰雰柳絮雪飛亂
분 분 유 서 설 비 란

艷艷連亭詩友班
염 염 연 정 시 우 반

書見王臣中矢急
서 견 왕 신 중 시 급

匣琴僧女引弓彎
갑 금 승 녀 인 궁 만

千年故國如雲去
천 년 고 국 여 운 거

京老池邊尙未還
경 로 지 변 상 미 환

▼ 주(註)

1) 月城 : 경주를 이른다.

서출지

사월 경주에 봄기운이 깎였는데
남쪽 봉우리 북 기슭에 옛 연못이 빛나도다.

버들솜 분분히 눈 날리듯 어지러운데
곱고 고운 연꽃 정자엔 시회반이 왔도다.

편지를 본 왕과 신하가 급히 활을 당기어 맞추었고
금갑의 중과 여자는 당긴 활에 맞았도다.

천년 고국이 구름이 가듯 가는 속에
서울 노인 못가에서 아직도 돌아가지 못하도다.

▼ 해제(解題)

서출지(書出池 : 경상북도 경주시 남산동. 사적 제138호.
이 못은 신라 시대에 다음의 이야기가 전해 오는 신라 유적이다.
신라 소지왕이 왕위 10년 488년에 남산의 천천정에 거동하였을 때 "이 까마귀를 쫓아가보라"고 하므로 신하를 시켜 따라가 보게 하였다. 그러나 신하는 이 못가에서 돼지가 싸우는데 정신이 팔려 까마귀 간 곳을 잃어버리고 있던 중, 못에서 노인이 나타나 봉투를 건네므로 왕에게 올렸다. 왕은 봉투 속 내용에 따라 궁(宮)에 와서 거문고갑을 쏘게 하니, 왕실에서 분향하는 중이 궁녀와 흉계를 꾸미다 죽음을 당했다는 것이다. 이 못에서 글이 나와 간계를 막았다 해서 못 이름을 서출지라 하게 되었고, 1월 15일에 까마귀에 제삿밥을 주는 오기일(烏忌日)의 풍속이 생겼다고 한다.

46. 金庾信墓

仲夏鷄林小滿先
중 하 계 림 소 만 선
松花峰麓偉封蠲
송 화 봉 록 위 봉 견

嶺風颯颯頌雄志
영 풍 삽 삽 송 웅 지
竹籟滔滔歌慶年
죽 뢰 도 도 가 경 년

統合三韓鴻業就
통 합 삼 한 홍 업 취
丈夫長劒大功瑄
장 부 장 검 대 공 선

山河誓定元勳赫
산 하 서 정 원 훈 혁
青史英名萬世傳
청 사 영 명 만 세 전

∨ 주(註)

1) 鴻業 : 나라를 세우는 큰 사업을 말한다.

김유신묘

5월의 계림엔 소만을 앞섰는데
송화산 기슭에 큰 무덤이 단정하도다.

산바람은 살랑살랑 큰 뜻을 기리고
대피리 도도히 경사스런 해를 노래하도다.

통합한 삼한의 홍업을 취하니
대장부 긴 칼 큰 공이 아름답도다.

산하에 맹세한 원훈이 빛나고
청사의 꽃다운 이름 만세에 전하리로다.

해제(解題)

김유신묘(金庾信墓) : 경상북도 경주시 충효동. 사적 제21호.

이 고분은 삼국 통일의 명장 신라 김유신 장군의 묘이다. 김유신 장군은 금관가야국의 마지막 왕 김구해(일명 김구형)의 증손이며, 15살에 화랑이 되어 김춘추를 도와 태종무열왕이 되게 하고, 함께 삼국 통일의 대업에 나서 무열왕 7년(660)에 황산벌에서 백제를 멸망시켰으며, 문무왕 8년(668) 신라 총사령관이 되어 고구려를 멸망시켰고, 당나라군을 물리쳐 통일의 위업을 완수하였다. 장군은 문무왕으로부터 태대각간이라는 최고의 관작을 받았고, 뒷날 흥덕왕은 장군을 흥무대왕으로 추봉하였다. 이 묘는 직경 30m의 큰 무덤으로 병풍처럼 판석으로 호석을 설치하였고, 호석 중간 중간에는 평복 차림의 무기를 든 12지신상을 배치하였다. 호석의 밖으로는 여러 개의 돌기둥을 세워 난간을 돌렸다.

47. 太宗武烈王陵

七月月城秋氣蕭
칠 월 월 성 추 기 소
長松落落古陵喬
장 송 락 락 고 릉 교

彩楹小閣殘碑恠
채 영 소 각 잔 비 괴
苔砌大墳護石姚
태 체 대 분 호 석 요

統合三韓洪望就
통 합 삼 한 홍 망 취
歡呼萬歲泰平韶
환 호 만 세 태 평 소

男兒一劒達斯願
남 아 일 검 달 사 원
竹帛雄名千里飄
죽 백 웅 명 천 리 표

태종무열왕릉

칠월 경주는 가을 기운이 쓸쓸한데
늘어진 노송 아래 옛 무덤이 높도다.

채색기둥의 비각 깨진 비가 괴이하고
이끼 낀 계단 큰 무덤 호석이 아름답도다.

통합 삼한의 큰 소망이 이루어지고
환호하는 만세 태평가의 노래로다.

남아 일검의 소원을 이루니
죽백의 영웅 이름 천리에 나부끼도다.

▼ 해제(解題)

태종무열왕릉(太宗武烈王陵) : 경상북도 경주시 서악동. 사적 제20호.
이 고분은 신라 태종무열왕의 능이다. 본명이 김춘추인 태종무열왕은 신라 진지왕의 손자, 이찬 용춘의 아들로 탁월한 정치력과 뛰어난 외교술로 삼국 말 혼란에서 신라를 지탱케 하였다. 김유신 장군의 뒷받침을 받아 진덕여왕을 이은 왕은, 삼국통일의 웅지를 품고 당나라와 연합하여 재위 기간에 백제를 멸망시킴으로서 통일대업의 기반을 닦았으나, 통일의 완성은 그의 아들 문무왕 때에 이루어졌다. 능은 둘레 110m, 높이 11m이며, 봉분은 자연석으로 축대처럼 쌓고 호석을 둘렀다. 능 앞 비각에는 국보 제25호로 지정된 신라 태종무열왕릉비가 있는데, 당대의 문장가 왕의 둘째 아들 김인문이 비문을 지었다고 한다. 이수 전면에 '태종무열대왕지비'라 새겨져 이 고분이 무열왕릉임을 확실하게 해주고 있다.

48. 聖德大王神鐘

鑄匠慰勞供核肴
주 장 위 로 공 핵 효
神鐘前立歎驚呶
신 종 전 립 탄 경 노

斯聲宏壯若龍號
사 성 굉 장 약 용 호
其貌偉嚴如泰嶠
기 모 위 엄 여 태 교

冥福父王祈願造
명 복 부 왕 기 원 조
所熔幼子母望謷
소 용 유 자 모 망 오

秘功極致非人作
비 공 극 치 비 인 작
感淚添杯萬里詨
감 루 첨 배 만 리 효

▼ 주(註)

1) 神鐘 : 일명 에밀레종이라 부른다.

성덕대왕신종

주장을 위로하기 위해 술한잔을 올리고
신종 앞에 서서 놀라워 감탄을 하도다.

이 소리는 용이 부르짖는 것 같이 웅장하고
그 모양의 위엄이 태산같이 높도다.

부왕의 명복을 빌기 위해 이 종을 만들었고
아이가 불타 어미를 원망의 울음소리로다.

신비한 공의 극치는 인간이 만든 것이 아니요
눈물이 잔에 더해져 만리에 들래리로다.

▼ 해제(解題)

성덕대왕신종(聖德大王神鐘, 에밀레종) : 경상북도 경주시 일정로 186. 국립경주박물관. 국보 제29호.

신라 경덕왕은 성덕왕을 추앙하기 위하여 구리 12만 근으로 대종을 주조하고자 했으나 못하고 혜공왕이 부왕의 뜻을 받들어 동왕 7년(771)에 종을 완성하고 성덕대왕신종이라 하였다. 이 종을 부을 때 아기를 시주한 아기의 피가 녹아들어 '에밀레~~' 하며 여운이 길게 도는 또 슬프고도 장엄하여 에밀레종이라고도 불려왔다. 신비를 간직한 종으로 '태산 같은 모습과 용울음 같은 소리가 하늘을 찌르고 땅속으로 파고드니 한번 이 소리를 들으면 천추에 복을 받으리로다. 이전에도 없고 오직 하나 에밀레종이 있을 뿐이다.'라고 칭송되는 최장수 종이다. 1915년 종각과 함께 동부동 구박물관으로 옮겼으며, 박물관이 이곳으로 신축 이전하게 되어 1975년 5월 26일에 이곳 종각으로 옮겨졌다.

49. 脫解王陵

夏至雞林暑氣豪
하 지 계 림 서 기 호
南山東麓一陵高
남 산 동 록 일 릉 고

嶺風颯颯吟恩赫
영 풍 삽 삽 음 은 혁
松籟滔滔頌德啕
송 뢰 도 도 송 덕 도

多那王妃流大卵
다 나 왕 비 유 대 란
老婆愛育衮龍袍
노 파 애 육 곤 룡 포

羅朝昔姓八爲祚
나 조 석 성 팔 위 조
青史英名永世號
청 사 영 명 영 세 호

▼ 주(註)

1) 鷄林 : 경주를 말한다.

탈해왕릉

여름이 이르니 경주에 더운 기운이 큰데
남산 동쪽 기슭에 한 무덤이 높도다.

고개 바람은 살랑 불어 은혜를 읊는 듯 빛나고
솔바람은 도도히 덕을 기림을 머금었도다.

다나 왕비가 큰 알을 흘려내려 보냈고
노파는 사랑으로 키워 임금이 되었도다.

신라조에 석씨성 중에 여덟이 임금이 되었고
청사에 꽃다운 이름 영세토록 부르짖으리.

▼ 해제(解題)

탈해왕릉(脫解王陵) : 경상북도 경주시 동천동. 사적 제174호.

이 고분은 신라 탈해왕(脫解王, 57-80)의 능이다. 신라 삼대 왕 성(王姓) 중 최초의 석씨 왕인 탈해왕 전설이 있다. 왜국에서 동북쪽의 다나국 왕비가 잉태한 지 7년 만에 알 하나를 낳았는데, 상서롭지 못하다고 알을 궤에 넣어 바다에 띄워 보냈다. 그 궤가 신라 땅에 닿아 한 노인이 열어보니 어린 아이가 있으므로 길렀는데, 궤가 바다에 떠올라 까치들이 울며 따라왔으므로 까치 작(鵲)자에서 조(鳥)를 떼어내어 석(昔)으로 성을 삼고, 또한 궤를 풀고 나왔다 하여 이름을 탈해라 하였다고 한다. 탈해는 자라서 키가 9척에 용모가 준수하고 영특하여 신라 제2대 임금 남해왕의 사위가 되었고, 유리왕을 이어 제4대 임금이 되었다. 재위 24년에 돌아가니 성 북쪽 언덕에 장사 지냈다. 능의 형식은 장식이 없는 원형토분이며, 왕릉으로서는 비교적 작다.

50. 善德女王陵

七月雞林善德歌
칠 월 계 림 선 덕 가
狼山南麓一陵羅
낭 산 남 록 일 릉 라

老松落落鞠躬列
노 송 락 락 국 궁 렬
長栢蒼蒼天可摩
장 백 창 창 천 가 마

興佛淳風民與樂
흥 불 순 풍 민 여 락
郎徒卓將示揮峨
낭 도 탁 장 시 휘 아

千年徐伐美名主
천 년 서 벌 미 명 주
女帝芳香煌又嵯
여 제 방 향 황 우 차

▼ 주(註)

1) 徐伐 : 신라를 이름.

선덕여왕릉

칠월 계림은 선덕 여왕의 노래인데
낭산 남쪽 기슭에 한 무덤이 있도다.

노송은 낙낙 허리를 구부리고 늘어서있고
잣나무 푸르러 하늘을 가히 만질 수 있도다.

불교 일으킨 바람은 백성과 더불어 즐겼고
낭도와 큰 장수를 지시하고 지휘함이 높도다.

천년 신라의 아름다운 이름의 임금이요
여왕으로 아름답고 향기로움 빛나고 또 높도다.

✔ 해제(解題)

선덕여왕릉(善德女王陵) : 경상북도 경주시 보문동. 사적 제182호.
이 능은 신라 선덕여왕(善德女王, 632-647)의 능이다. 선덕여왕은 아들이 없는 진평왕의 딸로 신라 최초의 여왕이 된 분이다. 재위 16년간 후일 태종무열왕이 된 김춘추, 명장 김유신과 같은 영걸을 거느리고 신라가 삼국을 통일하는 기초를 닦았으며 분황사, 첨성대 등을 세웠고, 특히 신라 최대의 황룡사 9층 목탑을 세워 신라 불교건축의 금자탑을 이루기도 하였다. 이곳에 능을 만든 것은 여왕의 유언에 따라 도리천에 장사 지낸 것으로, 후대인 문무왕 때 능 아래로 사천왕사가 세워지게 됨으로서 여왕의 예언이 증명되기도 했다. 이 능의 밑둘레는 73m에 달하는 원형 봉토분으로서, 자연석을 이용해 봉분 아래를 2단으로 쌓아 보호석으로 한 것이 특징이다.

51. 神文王陵

柳絮雰雰飛亂麻
유 서 분 분 비 란 마
月城內外似仙家
월 성 내 외 사 선 가

嶺風颯颯遠山杳
영 풍 삽 삽 원 산 묘
灘籟滔滔傍水斜
탄 뢰 도 도 방 수 사

確立王權如舞竹
확 립 왕 권 여 무 죽
興隆文化若芳花
흥 륭 문 화 약 방 화

新羅全盛萬民樂
신 라 전 성 만 민 락
灼灼英名千世遐
작 작 영 명 천 세 하

신문왕릉

버들솜이 눈 펄펄 날리는 난마와 같은데
경주 안팎은 신선의 고장 같도다.

고개 바람 살랑 불어 먼 산이 아득하고
여울소리 도도히 곁의 물에 내리는도다.

왕권확립은 대나무가 춤추는 것 같고
흥하고 융성한 문화는 꽃이 핀 것 같도다.

신라의 전성기를 만민이 즐기는 속에
빛나는 꽃다운 이름 천세까지 멀리 가도다.

▼ 해제(解題)

신문왕릉(神文王陵) : 경상북도 경주시 배반동. 사적 제181호.

이 고분은 신라 신문왕(神文王, 681-692)의 능이라 전한다. 신문왕은 삼국을 통일한 문무왕의 아들이다. 재위 12년 동안 관제를 정비하고 왕권을 확립하였으며, 국학을 설치하였고 외국과도 교류를 빈번히 하여 문화의 융성을 도모하는 등 신라 전성시대의 기틀을 확립하였다. 능은 원형 토분으로 봉분의 밑둘레에는 봉토를 보호하기 위한 호석이 있고, 벽돌 모양의 돌을 5단으로 쌓고 갑석을 덮었으며, 이 석축을 지탱하기 위한 수많은 지주석을 같은 간격으로 설치해 놓았다.

52. 文武大王巖

南驅月城甘浦陽
남 구 월 성 감 포 양
遙天遠望奇巖光
요 천 원 망 기 암 광

蒼波疊疊王名赫
창 파 첩 첩 왕 명 혁
碧浪滔滔史績常
벽 랑 도 도 사 적 상

倭冠警威東海臥
왜 관 경 위 동 해 와
新羅英主水中藏
신 라 영 주 수 중 장

成龍護國祈無斷
성 룡 호 국 기 무 단
壯偉斯恩永久惶
장 위 사 은 영 구 황

∨ 주(註)
1) 甘浦 : 대왕암이 있는 앞바다 포구의 이름.

문무대왕암

남쪽으로 달려가니 경주의 감포가 밝은데
멀리 보이는 기이한 바위가 빛나도다.

푸른 물결 첩첩이 왕의 이름이 빛나고
푸른 파도 도도히 역사의 자취 떳떳하도다.

왜구를 경계하며 지키려 동해에 누웠고
신라의 영명한 군주 수중에 감추어졌도다.

용이 되어 나라 지키며 빌기를 그치지 않는
장하고 위대한 이 은혜 영구히 두려워하리로다.

✔ 해제(解題)

문무대왕암(文武大王巖) : 경상북도 경주시 양북면 봉길리. 사적 제158호. 일명 대왕암이라 불리는 이 동해의 바위섬은, 고구려를 멸망시키고 당나라 세력을 축출하여 삼국통일을 완수한 신라 문무대왕(661-681)의 수중릉이다. 죽어서 동해의 큰 용이 되어 왜적으로부터 동해를 지키겠다며 장례를 검소하게 치르라는 대왕의 유언에 따라, 대왕의 유해를 화장하여 이 곳 동해의 대 석상에 매장하였다고 한다. 이 능은 육지에서 약 200m 떨어져 바위섬으로 되어 있으며, 가운데는 조그만 수중못이 있으며, 그 안에 길이 3.6m, 폭 2.85m, 두께 0.9m 크기의 거북모양 화강암석이 있어, 그 속에 화장한 유골을 봉안한 납골처로 생각되고 있다. 죽어서도 나라를 지키겠다는 수중왕릉은 세계에서도 유례가 없는 특이한 것이다.

53. 感恩寺址

四月南風甘浦庚
사 월 남 풍 감 포 경
龍堂山下寺墟宏
용 당 산 하 사 허 굉

東西石塔前朝色
동 서 석 탑 전 조 색
南北柱痕思慕情
남 북 주 흔 사 모 정

一國泰平祈願切
일 국 태 평 기 원 절
萬民幸福所望誠
만 민 행 복 소 망 성

新羅詠史爲誰惕
신 라 영 사 위 수 척
歎涙感恩蒼水横
탄 루 감 은 창 수 횡

감은사지

사월 남풍이 감포에 이르니
용당산 아래 절터가 크도다.

동서의 돌탑은 전조의 색이요
남북의 기둥의 흔적에 그리워 추모하는 정이로다.

일국의 태평성세를 기원함이 간절하고
만민의 행복을 소망하는 정성이로다.

신라의 역사는 읊는데 누구를 위해 슬픈가
눈물을 흘리는데 감은사 푸른 물이 빗겼도다.

▼ 해제(解題)

감은사지(感恩寺址) : 경상북도 경주시 양북면 용당리. 사적 제31호.
감은사는 신라 문무대왕이 삼국 통일 후 왜국의 침입을 막고자 절을 세우려다 못하고 돌아가자 아들 신문왕이 즉위하여 완성한 사찰이었다. 문무대왕은 '내가 죽으면 용이 되어 나라를 지키고자 하니 화장하여 동해에 장사지낼 것'을 유언하여 그 뜻을 따라 장사한 곳이 대왕암이며, 부왕의 은혜에 감사하여 사찰을 지어 이름을 감은사(感恩寺)라 전하고 있다. 현재의 모습은 1979년 발굴조사를 하여 얻어진 자료를 통해 당시의 건물 기초대로 노출, 정비한 것이다. 감은사는 문무대왕이 나라에 대한 충(忠)과, 신문왕이 부왕의 대한 효(孝), 즉 충효의 정신이 깃든 유적이라 하겠다.

54. 味鄒王陵

四月東京景色青
사 월 동 경 경 색 청
金鰲山麓古陵寧
금 오 산 록 고 릉 령

嶺風渺渺歌先業
영 풍 묘 묘 가 선 업
松籟悠悠頌主靈
송 뢰 유 유 송 주 령

始祖鷄林櫃誕郁
시 조 계 림 궤 탄 욱
後孫外婿承王馨
후 손 외 서 승 왕 형

二加四九祚斯國
이 가 사 구 조 사 국
羅史芳名長久熒
나 사 방 명 장 구 형

∨ 주(註)

1) 始祖 : 경주김씨의 시조 김알지를 이른다.

2) 二加四九 : 2+4×9=38대 왕의 대수를 말한다.

미추왕릉

사월 경주는 경치가 녹음으로 푸른데
금오산 기슭에 옛 능이 편안하도다.

영풍은 아득하게 선업을 기리며 노래하고
솔바람 유유히 왕을 기림이 신령스럽도다.

시조는 계림의 궤 속에서 나와 빛나는데
후손 사위에게 이은 왕이 향기롭도다.

이 나라 왕의 38대를 차지하니
신라 역사의 아름다운 이름 길이 빛나도다.

▼ 해제(解題)

미추왕릉(味鄒王陵) : 미추왕릉은 경상북도 경주시 황남동에 있다. 삼국시대 신라 제13대 미추왕의 능으로 무덤의 지름은 56.7m, 높이는 12.4m이다. 이 왕릉은 경주 황남동 고분군 가운데 잘 정비, 보존되고 있는 대릉원(大陵苑) 내에 있다. 미추왕의 성은 김씨이며 신라 제12대 첨해왕이 아들 없이 죽자 추대 받아 신라 최초의 김씨 임금이 되었다. 김씨의 시조인 김알지의 7대손이며 갈문왕 김구도의 아들이다. 왕비는 광명부인이며 23년간 재위하는 동안 백제의 침입을 물리치고, 농업을 장려하였다. 왕이 승하한 뒤 능의 이름을 대릉(大陵)이라 하였다.

55. 狼山遠思百結先生

四月鷄林夏氣蒸
사 월 계 림 하 기 증
狼山何處探墟陵
낭 산 하 처 탐 허 릉

千年栢籟還賓頌
천 년 백 뢰 환 빈 송
百結琴調悅彈應
백 결 금 조 열 탄 응

隣近杵聲舂粟際
인 근 저 성 용 속 제
奏模碓樂問妻疼
주 모 대 악 문 처 동

死生富貴在天命
사 생 부 귀 재 천 명
去者不追無可憎
거 자 불 추 무 가 증

▽ 주(註)
1) 栢籟 : 잣나무 바람소리.

낭산에서 백결선생을 생각하다

사월의 경주엔 여름기운이 찌는 듯 하는데
낭산 어느 곳 인지 더듬어 터를 찾았도다.

천년의 잣나무 바람소리 손님을 환영하며 노래 부르고
백결선생의 거문고소리 기쁘게 맞아주도다.

인근의 곡식 찧는데 방아 찧는 소리로 대신하여
방아 연주로 병든 아내를 위로하는 도다.

죽고 살고 부하고 귀함을 천명에 있는데
가는 자는 쫓지 말고 가히 미워하지 말자.

✔ 해제(解題)

낭산원사 백결선생(狼山遠思百結先生) : 백결선생은 신라 자비왕 때의 거문고의 명인으로 몹시 가난했으나, 오직 거문고만을 사랑하여 모든 희로애락을 오직 거문고로 풀었다. 경주 낭산 기슭에 살면서 어찌나 누덕누덕 기운 옷을 입어 세상에서 현순백결(懸鶉百結) 즉 가난하여 옷이 갈가리 찢어졌다고 하여 백결선생이라 하였다고 한다. 어느 해 세모 밑에 집집마다 울려오는 떡방아 소리를 듣고 부인이 수심이 가득하자, 거문고로 방앗공이 소리를 내어 위로한 일화가 유명하다. 빈처를 위하여 대악(碓樂)이라는 곡조를 남겼다.

56. 統一殿

統一閣中生氣尤
통 일 각 중 생 기 우
金鰲南麓殿宮厹
금 오 남 록 전 궁 구

青山沃野前朝色
청 산 옥 야 전 조 색
鳥革翬飛現世牟
조 혁 휘 비 현 세 모

三主合韓東國令
삼 주 합 한 동 국 령
萬民歡號瑞花浮
만 민 환 호 서 화 부

郎徒灼灼赤忠誓
낭 도 작 작 적 충 서
盡命鴻毛丹志烋
진 명 홍 모 단 지 휴

통일전

통일각 안에는 활기가 더하는데
금오산 남록에 통일전이 예스럽도다.

푸른 산 기름진 들은 전조의 빛이요
훌륭한 잘 지은 집은 현세와 같도다.

세 임금의 통합은 동국의 아름다움이요
만민을 환호하는 상서로운 꽃이 떠있도다.

낭도들의 빛나는 붉은 충성을 맹세하는 속에
목숨을 홍모같이 가볍게 여긴 붉은 뜻이 아름답도다.

해제(解題)

통일전(統一殿) : 경상북도 경주시 남산동.
경주시 남산동에 있는 통일기원전각. 삼국통일의 정신과 화랑의 호국정신을 기리고 이를 이어받아 나라의 정신적 지주로 삼기 위하여 조성한 전당이다. 1977년 박정희 전대통령의 지시로 건립하였다. 전각 안에는 태종무열왕, 문무대왕, 김유신 장군의 영정이 모셔져 있으며, 회랑에는 통일을 향한 격전의 현장을 보여주는 기록화를 길게 전시해놓았다. 이밖에도 넓은 경역 곳곳에 삼국통일기념비와 태종무열왕, 문무왕, 김유신 장군의 사적비 등이 세워져 있다.

57. 花郎亭

孟夏東都夏氣侵
맹 하 동 도 하 기 침
金鰲山下一亭臨
금 오 산 하 일 정 림

丹楹榭外牧丹艶
단 영 사 외 목 단 염
蒼鏡池邊情鴨琳
창 경 지 변 정 압 림

護國干城眞本領
호 국 간 성 진 본 령
爲民防牌是賢心
위 민 방 패 시 현 심

順貞棄命危邦禦
순 정 기 명 위 방 어
統合三韓大業欽
통 합 삼 한 대 업 흠

▼ 주(註)
1) 東都 : 경주를 말한다.

화랑정

초여름 경주에 여름기운이 들어왔는데
금오산 아래 한 정자에 올랐도다.

붉은 기둥 정자 밖에 목단이 고운데
푸른 거울 못가에 오리가 정 좋게 노닐도다.

호국 간성은 참본의 거느림이요
백성 위한 방패가 어진 마음이로다.

곧은 것을 따라 목숨을 버려 나라를 구하여
통합 삼한의 큰 업을 이룸이 공경스럽도다.

∨ 해제(解題)

화랑정(花郎亭) : 경상북도 경주시 칠불암길 통일전 안에 있다.
1977년 박정희 대통령 지시로 건립되었다. 신라의 태종무열왕 김춘추, 김유신 장군, 삼국통일을 완수한 문무왕의 영정을 모신 통일전 안에 화랑정이 있다. 아담한 기와를 올린 정자도 연못 속에 멋스럽게 지어져있으며, 신라 통일의 정신 화랑을 기리기 위해 지은 정자이다.

58. 皇南大塚

四月鷄林詠史覃
사 월 계 림 영 사 담
金鰲山麓巨塋甘
금 오 산 록 거 영 감

連床共手眠方醒
연 상 공 수 면 방 성
酬酌隨君酒半酣
수 작 수 군 주 반 감

玉帶東墳妃帶悅
옥 대 동 분 비 대 열
金冠西墓主冠耽
금 관 서 묘 주 관 탐

千年故國如煙去
천 년 고 국 여 연 거
夫婦無關望色含
부 부 무 관 망 색 함

∨ 주(註)

1) 鷄林 : 경주를 말한다.

황남대총

사월 경주에서 역사시를 읊는데
금오산 기슭에 큰 무덤이 좋도다.

연이은 책상에 공수하며 잠이 바야흐로 깼고
주고받는 임금을 따르며 술이 반은 취했도다.

옥대의 동쪽 무덤은 왕비가 기뻐했음이요
금관의 서족 무덤은 임금이 관을 즐겼음이라.

천년 고국이 연기와 같이 사라졌는데
부부는 보름달빛을 머금어 즐거웁도다.

✔ 해제(解題)

황남대총(皇南大塚) : 경상북도 경주시 황남동에 있는 삼국시대 신라 왕족의 능으로 추정되는 무덤으로, 돌무지 덧널무덤 쌍무덤으로 1963년 사적 제40호로 지정되었다. 이 고분군 내에 있는 황남대총의 일련번호는 '황남동 98호분'이다. 1973년 7월과 1975년 10월에 문화재관리국 조사단이 발굴조사하고, 1980년 문화재위원회에서 붙여진 별칭으로 황남동에 소재한 신라 최대의 고분이라는 의미다. 황남대총은 2개의 원분이 남북으로 연접된 표형분으로 동서지름 80m, 남북지름 120m, 남분높이 22m, 북분높이 23m에 이르는 신라 최대의 봉토분이다. 황남대총 남분의 피장자는 남자, 북분의 피장자는 여자이며 신라 왕족의 무덤으로 추정된다.

59. 月淨橋春陽橋址

穀雨東都詩韻鹽
곡 우 동 도 시 운 염
南川上下二梁謙
남 천 상 하 이 량 겸

淸風颯颯千年爽
청 풍 삽 삽 천 년 상
遠岫蒼蒼萬里銛
원 수 창 창 만 리 섬

月淨江邊王駕肅
월 정 강 변 왕 가 숙
春陽橋裏貴人恬
춘 양 교 리 귀 인 념

新羅文化方花發
신 라 문 화 방 화 발
霽後和光一倍添
제 후 화 광 일 배 첨

월정교 춘양교지

곡우 내리는 경주의 시의 운자 염인데
남천강에는 두 다리가 겸손하도다.

맑은 바람이 살랑 불어 천년이 시원하고
먼 산구멍은 푸르고 푸르러 만리의 예리하도다.

월정 물가엔 왕의 수레 엄숙하고
춘양교 밑에 귀인이 편안하도다.

신라 문화를 바야흐로 꽃피운 속에
비개인 후 햇빛에 어울려 더 아름답도다.

해제(解題)

월정교 춘양교지(月淨橋春陽橋址) : 경상북도 경주시 인왕동 921-1.
'원효대사가 월정교를 건너 요석궁에 들어갔다.'고 하는 월정교지는 월정교 옛터이다. 이때 원효대사는 '누가 자루 빠진 도끼를 주리요? 내가 하늘을 떠받칠 기둥을 만들겠노라'고 노래를 부르고 다녔다. 무열왕이 그 노래를 듣고 요석공주에게 원효대사를 보내도록 한다. 원효가 찾아온 신하를 보고 월정교를 지나다 물에 빠지니, 신하는 월정교 옆의 요석궁으로 원효를 데려가 옷을 말리려 머물게 되었다. 이때 얻은 아들이 바로 설총이다.
춘양교(春陽橋)는 효불효교(孝不孝橋)라고 하며, 신라 때 칠형제를 둔 과부가 밤에 사통하고 옷이 젖어 돌아오는 어머니를 위해 돌다리를 놓아 효불효교라 하며, 일곱 아들이 만든 다리라고 하여 칠성교라고도 한다.

60. 北漢山眞興王巡狩碑

勝景漢陽山水咸
승경한양산수함
碑峯頂上古碑鑑
비봉정상고비감

東岑脈脈讚功頌
동잠맥맥찬공송
西野遼遼揚德諵
서야요요양덕남

百濟數州巡狩壯
백제수주순수장
句麗諸邑拓疆巉
구려제읍척강참

盛隆國勢千民樂
성융국세천민락
英主雄名萬世劖
영주웅명만세참

북한산 진흥왕순수비

한양의 경치는 산과 물이 다하는데
비봉 정상의 옛 비석이 거울이도다.

동쪽 봉우리 줄기줄기 공을 기리어 읊고
서쪽 들 둘리고 둘러 덕을 찬양해 들래도다.

백제의 여러 고을을 순수함이 장하고
고구려 여러 읍을 지경을 개척함이 높도다.

국세를 융성시켜 백성을 즐겁게 한속에
영명한 임금의 명성 만세토록 새겨 지리라.

▼ 해제(解題)

북한산진흥왕순수비(北漢山眞興王巡狩碑) : 서울특별시 북한산 비봉(현재 국립중앙박물관). 국보 제3호이다.

국보 제3호로 지정된 북한산 진흥왕 순수비는 파손이 우려되어 현재는 서울 용산구 국립중앙박물관에서 소장하고 있다. 지금까지 발견된 4기의 진흥왕순수비 중 하나로, 화강암으로 된 이 비석은 직사각형으로 가공된 석재를 사용하여 자연암반 위에 2단의 층을 만들고 세웠다. 현재 많은 부분에 총탄 흔적이 있고 절단되고 손상되어 있다.

진흥왕 16년 왕이 북한산에 순행한 사실이 있으나 이를 곧 이 비의 건립연대로 보기는 어렵고, 남아있는 글자의 내용을 검토하면 568년(진흥왕 29년) 이후 진흥왕 생존 시의 일로 추정된다.

第3部
百濟詠歌

61. 風納土城

歷史探來廣難東
역사탐래광난동
古城尉禮黎民工
고성위례여민공

楕圓舊址半圓失
타원구지반원실
偉貌殘堤幾貌同
위모잔제기모동

濟陣兢兢霜葉落
제진긍긍상엽락
句軍烈烈怒濤通
구군열렬노도통

英雄豪傑今安在
영웅호걸금안재
有數興亡客歎洪
유수흥망객탄홍

∨ 주(註)

1) 尉禮 : 한강 북쪽에 처음 만든 왕성을 위례성이라 한다.

풍납토성

역사탐방 하려 옛날 광주였던 동쪽에 오니
위례 옛 성은 백성들이 쌓은 성이로다.

길고 둥근 옛 터는 반가량 원형이 유실되었고
남아있는 둑의 모양은 원모양과 거의 같도다.

백제 군영은 전전긍긍하여 서리 맞은 낙엽인데
고구려 군대는 맹렬히 성난 파도처럼 밀려왔도다.

영웅호걸은 지금 어디에 있는가
유수의 흥망에 나그네 탄식이 크도다.

∨ 해제(解題)

풍납토성(風納土城)은 서울특별시 송파구 풍납동에 있으니, 백제 초기의 토성으로 경기도 광주에 속해 있다가 서울시로 편입되었다. 1964년 발굴조사 결과 백제 초기에 축조된 것으로 밝혀졌으며, 그 후 여러 차례의 성곽과 성내에 대한 발굴조사가 이루어졌다. 이 성은 한강 동안에 위치하여 남북으로 길쭉한 타원형을 이루고 있어 그 둘레가 원래 3.5㎞로 추정되는데, 1925년 홍수로 서쪽 성벽은 유실되고 지금은 2.2㎞만 남아있다. 성벽은 점토를 다져서 만드는 판축기법으로 축조되었는데 기저부 폭은 43m, 높이는 11m가 넘는 거대한 규모이다. 이 성은 백제의 왕성으로 추정되며 3세기경 축조되어 서기 475년 고구려 장수왕에 의하여 함락될 때까지 백제의 도성이었다.

62. 公州山城

百濟山城寂莫冬
백 제 산 성 적 막 동
四方門外神旗恭
사 방 문 외 신 기 공

深林頂上宮墟肅
심 림 정 상 궁 허 숙
長水波中棹曲丰
장 수 파 중 도 곡 봉

文帝移來唯孰覺
문 제 이 래 유 숙 각
聖王遷去正何悰
성 왕 천 거 정 하 종

錦江千里長悠裏
금 강 천 리 장 유 리
往事興亡追擊胸
왕 사 흥 망 추 격 흉

주(註)

1) 文帝 : 문제는 백제 22대왕 문주왕(文周王)을 말한다.

공주산성

백제 산성은 적막한 겨울인데
사방 문밖에 신기가 공손하도다.

깊은 숲 정상에는 궁터가 엄숙하고
긴 강 물결 노 젓는 노래 아름답도다.

문주왕이 옮긴 것은 누구의 생각이었나.
성왕의 천거는 정히 어떤 기쁨이었도다.

금강 천리를 유유히 흐르는 속에
지난일 흥망이 가슴을 쫓아 내치는구나.

✔ 해제(解題)

공주산성(公州山城)은 충청남도 공주시 산성동에 있다. 고구려 장수왕의 공격으로 한성이 함락되고 백제 21대 개로왕이 전사하자, 475년(문주왕)에 백제는 웅진으로 도읍을 옮기고, 웅진 나루의 남안에 위치하여 금강을 북쪽 방어선으로 한 이 성을 쌓아 고구려 침공에 대비하였다. 성벽의 둘레2.200m, 금강변 야산에 계곡을 돌려 쌓은 포곡식 산성으로 진남루, 공북루의 남북문루와 암문, 치성, 고대, 장대, 수구문 등 방어시설이 있다. 성벽은 백제시대에 쌓은 것은 토축성이며 그 후에 개수한 부분은 석축으로 되어 있다. 이괄의 난 때 조선 인조가 이곳에 주필한 역사를 남기고 있다.

63. 宋山里古墳

中夏公州佳錦江
중 하 공 주 가 금 강
王都古址寂陵邦
왕 도 고 지 적 릉 방

松林風籟鳴純一
송 림 풍 뢰 명 순 일
陽地高封集數雙
양 지 고 봉 집 수 쌍

蓋鹵事前雄號邑
개 로 사 전 웅 호 읍
文周以後甲年窓
문 주 이 후 갑 년 창

東西處處慘然裏
동 서 처 처 참 연 리
百濟往觀傾酒缸
백 제 왕 관 경 주 항

∨ 주(註)

1) 蓋鹵 : 개로왕은 백제 21대 근개루왕이라고도 말한다.

송산리 고분

여름날 공주에 금강이 아름다운데
왕도 옛터에 고요한 언덕의 나라로다.

솔숲 바람소리는 순전히 울리는 하나요
양지의 높은 봉분이 쌍이로다.

개로왕 일 앞에 크게 부르짖은 고을이요
문주왕 이후 갑년의 창이로다.

동서 처처에 참연한 속에
백제를 돌이켜 보며 술잔을 기울여본다.

▼ 해제(解題)

송산리 고분(宋山里古墳)은 충청남도 공주시 금성동(옛 지명은 공주읍 송산리)에 있는 백제 고분군이다. 무령왕릉을 포함한 이 일대의 고분은 발굴된 고분 7기 등 모두 10여 기가 있는데, 높이 130m의 송산을 북쪽의 주산으로 한 구릉 중턱의 남향한 경사면에 분포되어 있으며, 계곡을 사이에 두고 서쪽에는 무령왕릉과 5, 6호 분이 있고, 동쪽에는 1~4호 분이 있다. 1971년 5호 분과 6호 분 보수공사 중 무령왕릉이 발견되어 무령왕릉으로 판명되었으며, 송산리 고분군이 백제 왕릉임이 비로소 밝혀졌다. 웅진 백제의 5왕릉이 모두 이 가운데 있을 것으로 추정되지만, 무령왕릉 이외의 고분은 이미 일본인 등의 도굴로 훼손되었으며, 고고학적 가치를 상실한지 이미 오래다.

64. 扶蘇山城

百濟古都風致支
백 제 고 도 풍 치 지
扶蘇山下絶崖奇
부 소 산 하 절 애 기

高樓赤檻碧林繞
고 루 적 함 벽 림 요
長虺土城靈地籬
장 훼 토 성 영 지 리

白馬江中含恨口
백 마 강 중 함 한 구
落花岩上淚流時
낙 화 암 상 루 류 시

皐蘭草颺香天裏
고 란 초 양 향 천 리
悲痛如何唯帝噫
비 통 여 하 유 제 희

▼ 주(註)

1) 皐蘭草 : 고란사에만 있다고 하여 붙여진 이름.

부소산성

백제 옛 도읍엔 풍치가 지탱하는데
부소산 아래 절벽 낭떠러지가 기이하도다.

높은 누각 붉은 난간에 둘러싸인 푸른 숲이요
긴 독사뱀 모양의 토성은 영지의 울타리로다.

백마강 속은 한을 품은 입구요
낙화암 위에 눈물이 흐르던 때로다.

고란초 향기가 하늘에 나는 속에
비통은 어찌 오직 임금만의 탄식이겠는가?

✔ 해제(解題)

부소산성(扶蘇山城)은 충청남도 부여군 부여읍 쌍봉리에 있는 백제시대 토석 혼축산성이다. 둘레 2,200m 부소산 산정을 중심으로 성내에는 사비루, 백화정, 고란사, 낙화암 등이 있고, 문지, 군창지 등이 있다. 이 성은 백제 수도 사비를 수호하기 위하여 538년(성왕16) 수도 천도를 전후하여 축조된 것으로 추정되며, 유사시에는 군사적 목적으로 사용되지만, 평상시에는 왕과 귀족의 유흥지로 쓰이는 왕궁의 후원으로 추정된다. 신라군에 의하여 왕도가 함락될 때 3천 궁녀가 낙화암에서 백마강으로 떨어졌다는 설화는 너무나 애절하다.

65. 落花岩

六角古亭丹碧微
육 각 고 정 단 벽 미
樹林松老曲腰機
수 림 송 로 곡 요 기

仰天雲片展愁曖
앙 천 운 편 전 수 애
瞰水江波懷憤肥
감 수 강 파 회 분 비

滅國歎聲千歲恨
멸 국 탄 성 천 세 한
落花節義百年巍
낙 화 절 의 백 년 외

噫誰與問興亡事
희 수 여 문 흥 망 사
唯有長流夕照輝
유 유 장 류 석 조 휘

낙화암

육각 지붕 옛 정자 붉고 푸른색이 은미한데
숲속의 노송 굽은 허리가 상서롭도다.

하늘을 보니 구름 조각이 펼친 근심을 가리고
강을 내려다보니 파도가 울분을 품었도다.

망한 나라 탄식소리는 천세의 한이요
낙화한 궁녀의 절의는 만년이나 높도다.

이 슬픔을 누구에게 흥망의 일을 물어볼까
오직 낙화암 위 기리 흐르는 노을이 빛나도다.

✔ 해제(解題)
낙화암(落花岩)은 충청남도 부여군 부여읍 쌍봉리 부소산 북쪽에 있다. 부소산이 그 아래를 흐르는 백마강과 만나 이룩한 절벽을 낙화암이라 칭한다. 부여 왕궁이 신라군에 의하여 함락될 때 3천 궁녀가 낙화암에서 백마강으로 몸을 날려 산화했다는 설화에 따라 낙화암으로 이름 지어졌다.

66. 漢城百濟文化祝祭

歷史文流若列魚
역 사 문 류 약 열 어
松坡街路古風琚
송 파 가 로 고 풍 거

漢城百濟祝都邑
한 성 백 제 축 도 읍
土郭夢村開祭閭
토 곽 몽 촌 개 제 려

蓋鹵好棋長壽敗
개 로 호 기 장 수 패
周王負父逃亡餘
주 왕 부 부 도 망 여

半千世月王宮址
반 천 세 월 왕 궁 지
今日可加歎息儲
금 일 가 가 탄 식 저

▼ 주(註)

1) 蓋鹵 : 개로왕으로, 삼국사기의 기록을 보면 개로왕은 바둑에 빠져 국사를 돌보지 않다가 나라가 망했다고 한다.

한성백제문화축제

역사 문화 행렬이 고기떼처럼 흐르는데
송파구 가로에는 고풍으로 아름답도다.

한성 백제 도읍지로 축하하는 행사요
토성 몽촌의 개막 문화 축제로다.

개로왕이 바둑을 좋아해 장수왕에게 패하였고
문주왕이 아버지를 업고 도망한 나머지로다.

반 천년 세월 왕궁의 터인 속에
금일 돌아보니 탄식만 쌓여 더해지는도다.

▼ 해제(解題)

한성백제문화축제(漢城百濟文化祝祭) : 2014년 10월 5일 서울 강동구 주관으로 한성백제문화축전이 거행되었다. 한성백제는 삼국사기에 따르면 온조왕이 서기 18년 하남 위례성에 도읍하여 백제를 건국하였다고 되어 있고, 그 하남 위례성의 위치에 대하여는 학설이 갈리지만 지금의 풍납토성 또는 몽촌토성이라는 설이 지배적이다. 475년 7월 고구려 장수왕이 아차산성에 웅거하여 한성(풍납성)의 백제 개로왕을 공격하여 이 성을 함락시키고, 개로왕이 전사함으로서 한성백제는 종언을 고하여 문주왕은 한강을 버리고 차령고개를 너머 웅진으로 천도한다. 그간 한성백제 450여 년은 한강을 중심으로 국력이 강성하여 자주 고구려와 패수를 사이에 두고 서로 다투었고, 문화가 꽃피어 왕인박사를 일본에 보내어 논어, 천자문을 전하고 한자를 가르치기도 하였다.

67. 益山彌勒寺址

上月益州寒景虞
상 월 익 주 한 경 우

白雲影下遺墟孤
백 운 영 하 유 허 고

高層石塔傳言富
고 층 석 탑 전 언 부

深澤水紋波色珚
심 택 수 문 파 색 오

善后願心祈彌勒
선 후 원 심 기 미 륵

武王佛事建金鋪
무 왕 불 사 건 금 포

莊嚴寶物保存裏
장 엄 보 물 보 존 리

今日佳香吟詠嘑
금 일 가 향 음 영 호

주(註)

1) 上月 : 음력 10월을 말한다.

익산 미륵사지

상월 익산의 경치는 더욱 추운데
백운 그림자 아래 남아있는 터가 외롭도다.

고층 석탑에 전해오는 말이 풍부하고
깊은 연못 물무늬 물결색이 구슬이로다.

선화왕후가 간절히 원한 미륵사요
무왕은 불사로 금포 건립을 하였도다.

장엄한 보물을 보존하는 속에
금일 아름다운 향 읊는 소리로다.

해제(解題)

익산 미륵사지(益山彌勒寺址)는 전라북도 익산시 금마면 기량리에 있다. 백제 30대 무왕은 서동설화에 얽힌 신라의 공주 선화를 아내로 맞아, 기울어져가는 백제를 부흥시키겠다는 위대한 포부를 품고 금마(익산)에 천도하고, 동국 최대의 가람인 미륵사를 창건하였다. 용화산 남록에 자리잡은 가람유지는 그 경내를 멀리 바라보기만 하여도 편안한 안정감을 느끼게 한다. 9층 석탑을 새로 중건하여 환연 장대하다.

68. 百濟聖王

南道沃川勝景齊
남도옥천승경제
馬城山下繞淸溪
마성산하요청계

月田深谷碧岩秘
월전심곡벽암비
濟主聖明烏碣黎
제주성명오갈려

泗沘遷都安國勉
사비천도안국면
羅軍奇襲斬王凄
나군기습참왕처

靑苔石壁流聲裏
청태석벽유성리
悲史響傳萬世鑴
비사향전만세휴

주(註)

1) 泗沘 : 사비성. 부소산성이라고도 하며 부여읍 쌍북리에 소재하며 백제 성왕 때에 축조된 것으로 추정된다.

백제 성왕

남도 옥천에는 경치가 가지런한데
마성산 아래 맑은 시내가 둘러 있도다.

월전리 깊은 계곡에 푸른 바위가 신비롭고
백제의 성명왕 검은 비석이 옥돌이로다.

사비성으로 도읍을 옮겨 안국에 힘썼으나
신라군은 미리 기습하여 성왕을 살해하였도다.

푸른 이끼 낀 돌 벽에 흐르는 소리 속에
슬픈 역사 만대로 전하는 종소리가 울리도다.

✓ 해제(解題)

백제 성왕(百濟聖王) : 백제 26대 왕은 성왕이오, 그는 성명왕이라고도 한다. 무령왕의 태자로서 524년 왕위를 계승하니, 백제의 부흥을 염원하여 수도를 부소산 아래로 옮기고, 옛 부여국의 위풍을 재현하겠다는 의지를 담아 수도의 이름을 부여로 하였다. 성왕 32년(554년) 태자 창이 신라로 쳐들어가 관산성(지금의 옥천군 군서면 월전리)에 웅거하고 있을 때, 성왕은 태자를 위로하고자 단기 50기를 이끌고 관산성으로 가던 중 신라군의 복병에 의하여 기습당하여 전사하였으며, 그 전사지에 백제 성왕 전사지라는 유허비가 서 있다.

69. 階伯將軍墓

臘月論山景色佳
납월논산경색가
將軍銅像守南崖
장군동상수남애

長松落落墓庭肅
장송락락묘정숙
古碣廖廖林鳥儕
고갈료료임조제

妻子斬先無受辱
처자참선무수욕
幼兵擒後有歸牌
유병금후유귀패

四迎四勝黃城戰
사영사승황성전
壯烈殉忠萬感懷
장렬순충만감회

∀ 주(註)

1) 臘月 : 음력 선달을 말한다.

계백장군묘

선달 논산들에 경치가 아름다운데
장군 동상은 남쪽 언덕을 지키고 있도다.

낙락장송이 늘어진 묘지가 엄숙한데
멀고 먼 옛 비석 수풀에 새 무리지어 있도다.

처자 목 베고 출정함은 욕 당하지 않게 함이요
생포한 관창을 살려 돌려보내 패를 삼았도다.

네 번 맞아 네 번 이긴 황산벌 싸움에서
공은 장렬히 전사하니 가슴에 만감이 드는도다.

▼ 해제(解題)

계백장군묘(階伯將軍墓)는 충청남도 논산군 부적면 신풍리에 있으니, 백제 명장 계백의 묘소이다. 공은 백제 의자왕 때에 백제 3충의 한 사람으로, 동국 역사상 충절을 상징하는 인물이다. 장군은 의자왕 20년(660년) 여름 나당 연합군이 사비도성을 공격한다는 소식을 듣고 결사대 5천을 이끌고 황산벌(논산군 연산면 일대)에 나아가 적군 5만과 최후의 결전을 벌였다. 네 번 싸워서 네 번 모두 이겼으나, 신라군이 어린 화랑들의 장렬한 전사에 사기가 올라 결국 수적 열세를 감당할 수 없어 장렬한 전사로 최후를 장식하였다. 장군은 출정에 앞서 처자를 먼저 베고 집을 나왔는데, 후세 사가는 이를 두고 찬반 양설이 갈린다. 조선 숙종은 장군의 충절을 기려 충곡서원을 세우게 했다.

70. 馬龍池

二月益州春色灰
이 월 익 주 춘 색 회
五金南麓古塘傀
오 금 남 록 고 당 괴

馬韓沃土蒙其水
마 한 옥 토 몽 기 수
濟國英華出此來
제 국 영 화 출 차 래

孤婦暮天歎息懇
고 부 모 천 탄 식 간
黑龍深夜愛情裁
흑 룡 심 야 애 정 재

薯童採薯奉親孝
서 동 채 서 봉 친 효
善后慕郎相戀崔
선 후 모 랑 상 련 최

주(註)

1) 益州 : 익산을 이름.
2) 薯童 : 서동은 역사상 가장 극적이고 화려한 인생을 산 백제 30대 임금 무왕을 이름.

마룡지

이월 익산에 봄빛이 잿빛인데
오금산 남쪽에 옛 연못이 크구나.

마한의 기름진 땅 그 물에 입었고
백제의 영화는 이 풀밭에서 나왔도다.

외로운 과부가 저녁 탄식이 간절할 때
흑룡이 접근하여 애정이 깊어졌도다.

서동은 마를 캐서 어머니에게 효도하고
선화공주는 서동을 사랑함이 극진하였도다.

✔ 해제(解題)

마룡지(馬龍池)는 전라북도 익산군 금마면 용신리 연동에 있는 연못으로, 백제 무왕의 생가 터가 그 연못가에 있고 무왕의 어릴 적 이름 서동의 출생 설화가 서려 있는 곳이다. 옛날 이 연못가에 한 과부가 살고 있는데, 연못 속에 용이 나타나 과부와 사랑이 맺어져서 남아를 출생하니 그가 서동이오, 훗날 백제의 무왕으로 등극하였다. 연못가에 오래된 와전과 유대가 남아있어 유허의 흔적이 보인다. 이곳에서 과부는 용과 정을 맺었고 서동은 용의 아들로 이곳에서 자랐을 것이다. 서동은 서동요를 불러 선화를 유혹하고 종당에는 선화는 서동에게로 시집오게 된다.

71. 雙陵

臨月益州冬色眞
임월익주동색진
五金山下古陵恂
오금산하고릉순

嶺風颯颯前朝態
영풍삽삽전조태
松籟依依後念垠
송뢰의의후념은

善后爲民彌勒建
선후위민미륵건
武王治國太平臻
무왕치국태평진

其誰與問興亡事
기수여문흥망사
唯有雙墳無可親
유유쌍분무가친

✔ 주(註)

1) 臨月 : 음력 12월을 말한다.

쌍릉

선달 익산의 겨울경치가 아름다운데
오금산 아래 옛 왕릉이 공경스럽도다.

영풍은 살랑 불어 전조의 자태요
솔피리 안타까이 뒤를 생각하는 언덕이로다.

선화왕후는 백성을 위하여 미륵사를 지었고
무왕은 나라를 잘 다스려 태평하게 하였도다.

그 누구를 잡고 흥망사를 물을 것인가
오직 쌍릉은 가히 없는 친함이로다.

▼ 해제(解題)

쌍릉(雙陵)은 전라북도 익산시 석왕동에 있으니, 백제 무왕과 그 왕비 선화왕후의 능이라 전하는데 오금산 남쪽에 두 개의 큰 봉분이 나란히 누워있다. 백제 30대 무왕은 기우는 백제의 부흥을 꿈꾸고 금마(지금의 익산)에 와서 이 산에 묻혔는가 보다. 7백년 백제는 연기 속에 사라졌지만 서동과 선화는 그 따위는 알바 아니라는 듯 두 손을 꼭 잡고 정답게 누워있다.

72. 愁送臺

元月居昌景色文
원 월 거 창 경 색 문
龜淵淨岸紫霞群
구 연 정 안 자 하 군

裕峯堂若北天聳
유 봉 당 약 북 천 용
涓水渺然東去芬
연 수 묘 연 동 거 분

奉命濟臣將告別
봉 명 제 신 장 고 별
逢君羅使重杯誾
봉 군 라 사 중 배 은

黃山洞裡寒梅發
황 산 동 리 한 매 발
愁興相交豈可欣
수 흥 상 교 기 가 흔

▽ 주(註)

1) 元月 : 고란사에만 있다고 하여 붙여진 이름.
2) 裕峯 : 덕유산을 이른다.

수송대

정월 거창에 경치가 빛나는데
거북연못 깨끗한 언덕 물안개 자욱하도다.

덕유산은 당당하게 북천에 솟아올랐고
위천은 아득하니 동쪽으로 흘러 향기롭도다.

명을 받든 백제 신하 장차 이별을 고하고
님을 보내는 신라 사신 권하는 잔이 은근하도다.

황산 동리에 찬 매화가 만발 하였으니
걱정에 서로 나누니 어찌 가히 기쁘겠는가.

▼ 해제(解題)

수송대(愁送臺)는 경상남도 거창군 유천면 황산리 위천 개울 가운데에 있는 거북모양의 바위를 그리 부른다. 거북바위의 별칭이 있다. 삼국시대 백제의 사신을 신라로 보내면서 헤어지기를 슬퍼한데서 지어진 이름이다. 조선 중종 때 요수 신권 선생이 이곳에 낙향하여 후진을 양성하였고, 퇴계 선생이 수승대로 개칭할 것을 요수에게 권하면서 오율 한 수를 지어줌으로서 이름이 바뀌었고, 그 시가 거북바위에 새겨져 있다. 덕유산 남록의 경승지로 예부터 시인묵객이 즐겨 찾는 명승지로 알려져 있고, 지금은 명승 제53호로 지정되어 있다.

73. 周流山城

南渡韓州義氣元
남 도 한 주 의 기 원

乾山嶂土古城藩
건 산 장 토 고 성 번

林翁引道踏芽茁
임 옹 인 도 답 아 줄

老堞谷畔芬美蓀
노 첩 곡 반 분 미 손

擁立東宮誠尚赫
옹 립 동 궁 성 상 혁

但思光後志猶存
단 사 광 후 지 유 존

松蘿舊址野花發
송 라 구 지 야 화 발

千百年來遺恨諼
천 백 년 래 유 한 훤

주(註)

1) 蓀 : 창포 손, 난초 손이라 한다.

2) 蘿 : 담쟁이 라. 담쟁이덩굴 라.

주류산성

남쪽 한산에 의기가 근원인데
건지산 위에 옛 성이 둘려진 울타리로다.

산 노인이 인도한 길에 새싹 싱그럽고
옛 성 골짜기 언덕에 창포가 향기롭도다.

세자를 옹립한 정성이 높이 빛나는데
다만 고국을 광복하고자한 뜻이 남았도다.

솔과 담쟁이 엉킨 옛터에 들꽃이 피어있고
천백 년 내려온 한을 잊을 수 있겠는가.

✔ 해제(解題)

주류산성(周流山城)은 충청남도 서천군 한산면 호암리와 죽촌리에 걸쳐서 있는 주류산 위에 쌓은 백제 후기의 성이다. 토성과 석성의 복합성곽이다. 백제가 나당연합군에 의하여 멸망한 뒤 유민들이 왕자 융을 옹립하고 백제 부흥운동을 벌인 근거지라고 전해지고 있다. 한산 읍성의 북쪽에 인접하여 있지만 읍성과는 구별된다. 주류산성 내에 있는 건물 유구에서 탄화미가 발굴되어 이곳은 군창지로 추정되고 있으며, 이 밖에 샘이 7곳, 못 1곳이 남아있다고 보고되어 있다. ≪신증동국여지승람≫에 한산 건지산성의 주위 3,061척이라는 기록이 있으나 여기서 말하는 건지산성이 한산읍성을 가리키는 것인지 주류산성을 가리키는 것인지는 분명치 않다.

74. 百濟壇碑

䀋月陵西删去寒
여 월 릉 서 산 거 한

濟都東岸竪雙壇
제 도 동 안 수 쌍 단

美風長渡草香郁
미 풍 장 도 초 향 욱

春野遠望桃李爛
춘 야 원 망 도 리 란

伏地義王呼地哭
복 지 의 왕 호 지 곡

仰天世子號天嘆
앙 천 세 자 호 천 탄

山含亡國萬年恨
산 함 망 국 만 년 한

日暮茜霄京客桓
일 모 천 소 경 객 환

∀ 주(註)

1) 䀋月 : 음력 2월을 이른다.

2) 義王 : 의자왕을 말한다.

백제단비

2월 경주 능서에 추위가 가셔지는데
백제 동쪽 언덕에 두 쌍의 단이 있도다.

미풍은 멀리서 불어오고 풀 내 향기로운데
봄들을 멀리 보니 복숭아꽃이 아름답도다.

땅에 엎드려 의왕을 불러 땅 치며 통곡하고
하늘을 우러러 세자는 호소하며 탄식하도다.

산은 백제 망국의 만년의 한을 머금은 속에
해지는 붉은 노을에 서울 나그네 머뭇거리도다.

✔ 해제(解題)

백제단비(百濟壇碑) : 춘분이 지나고 부여 능산 남쪽 자락에 진달래가 피기 시작한다. 백제고분군이 있는 서쪽에 유려한 필치로 백제국 의자대왕단비가 서 있고 그 옆에 백제국 부여융단비가 서 있다.
의자왕은 나라 잃은 책임이 모두 자기에게 있는 듯 자책하는 것 같아 가엾었고, 세자의 어린 심정 역시 보기에 딱하다. 두 단비는 헛되이 서울 손의 심기를 흩트려놓는다.

75. 百濟懷古

杏月古都寒氣刪
행 월 고 도 한 기 산
荒城南岸躅林斕
황 성 남 안 촉 림 란

扶蘇秀影不須壯
부 소 수 영 불 수 장
白馬長江無羨灣
백 마 장 강 무 선 만

片片落花如雪散
편 편 낙 화 여 설 산
飛飛孤鷺若流潸
비 비 고 로 약 류 산

山含百濟萬年恨
산 함 백 제 만 년 한
京客斜陽忘返還
경 객 사 양 망 반 환

✓ 주(註)

1) 杏月 : 음력 2월을 이른다.

2) 躅 : 철쭉꽃 촉.

백제회고

2월 옛 서울에 추위가 풀리었는데
황성 남쪽 언덕에 진달래 수풀이 아름답도다.

부소산의 빼어난 경치는 웅장한 것은 아니요
백마 긴 강의 굽이치는 것이 부럽지 않도다.

바람에 날리어 지는 꽃이 눈같이 흩어지는데
날고 나는 외로운 갈매기 눈물을 흘리도다.

산은 백제의 만년의 한을 머금은 속에
서울 나그네 해 기우는데 돌아갈 길을 잊었도다.

✔ 해제(解題)

백제회고(百濟懷古) : 〔따듯한 봄날에 동무들과 백제의 옛서울 찾아드니, 무심한 구름은 오락가락 바람은 예대로 부는구나.〕

옛날 보통학교 조선어 교과서에 실렸던 시의 첫머리 한토막이다.

우리 동천서숙 한시반 몇 사람이 '백제회고'란 시제를 들고 개나리가 만발한 부소산성을 찾았다. 백제를 회고하기에 이곳이 가장 먼저 생각났나보다. 백마강, 낙화암, 고란사, 사자루, 백화정, 반월성 등등 이야기꺼리가 많기 때문인지도 모르겠다. 고란사 종소리는 조석으로 한을 전하고 낙화암 언덕에는 고금에 눈물이 흐르는데 희미한 지난 일을 물을 곳이 없구나.

76. 夢村土城

立夏節來數日先
입 하 절 래 수 일 선
漢江汀岸土城堅
한 강 정 안 토 성 견

長流滾滾北逶遠
장 류 곤 곤 북 위 원
秀嶂嚴嚴南繞連
수 장 엄 엄 남 요 련

庸主築都防衛策
용 주 축 도 방 위 책
濟軍據堞戰勝搷
제 군 거 첩 전 승 전

堂堂鐵甕湯池展
당 당 철 옹 탕 지 전
家國長途幾可翩
가 국 장 도 기 가 편

주(註)

1) 立夏 : 여름의 시작으로 24절기 중 일곱 번째 절기로 양력 5월 6일 무렵이다.

2) 庸主 : 근초고왕으로 백제 13대왕이다.

몽촌토성

초여름 때에 오기 며칠 앞에
한강물가 언덕에 몽촌토성이 견고하도다.

큰 강은 곤곤히 흘러 북쪽을 구불구불 돌고
높은 산 엄엄하게 남쪽을 에워 쌓았도다.

근초고왕이 도성을 쌓아 수도를 방위함이요
백제군은 이성으로 웅거하여 승전을 당겼도다.

당당한 탕지가 옹성에 펼쳐지니
나라의 장도가 가히 나부끼는구나.

몽촌토성(夢村土城)은 서울특별시 송파구 방이동에 있으니 한강 남안에 위치한 백제의 고성이다.
축성의 목적은 북으로부터의 적국인 고구려와의 전투에 대비하기위한 성첩이다. 백제는 삼국시대에 강성했던 나라로서 시조 온조왕이 하남 위례성에서 건국하여 도읍을 한성으로 천도한 것으로 되어있으며, 한성은 북성인 풍납토성과 남성인 몽촌토성을 가리키는데, 북성인 풍납토성은 왕궁이 있었고 남성인 몽촌토성은 이궁과 수도방위를 위한 외성의 역할을 한 것으로 보인다. 남북 두 성은 다 같이 토축성이며 그 규모가 웅장하다. 몽촌토성은 북으로 주저항선인 한강이 둘러있고, 또한 이중방어선인 해자가 성 주위를 에워싸고 있다. 이 성은 백제영주인 근초고왕이 축성한 것으로 알려져 있다.

77. 崇仁齋

孟夏江山芳草蕭
맹 하 강 산 방 초 소
漢陽郊外一齋嬌
한 양 교 외 일 재 교

設壇封土南風煥
설 단 봉 토 남 풍 환
樹石銘文北嶂瑤
수 석 명 문 북 장 요

始祖歡城開國贊
시 조 환 성 개 국 찬
後孫日海擧杯邀
후 손 일 해 거 배 요

青丘三百許多性
청 구 삼 백 허 다 성
唯貴全門千世飄
유 귀 전 문 천 세 표

주(註)

1) 歡城 : 백제 개국공신 全聶으로 온조가 백제를 건국할 때 전섭, 오간, 마려, 을음, 조성, 해루, 흘우, 곽충, 한세기 등과 온조를 도운 10명의 공신으로 환성군에 봉해졌다.

숭인재

첫여름 강산에 쑥 향이 향기롭고
한양 성 밖에 한 재실이 아름답도다.

단을 세운 땅에 남풍이 불어 빛나는데
비석에 새긴 명문 북산에 아름답도다.

시조 환성군은 나라 여는 것을 도왔고
후손은 술잔 들어 바다의 해를 맞이하는도다.

동국의 삼백 허다한 성씨 중에
오직 전씨 가문이 천세에 나부끼리도다.

숭인재(崇仁齋)는 서울특별시 동대문구 이문동에 있다. 이 재실 북쪽에 전씨 시조(全氏始祖) 환성군(歡城君) 휘(諱) 섭(聶)의 신단이 있고 그 신단을 수호하기 위한 재실이다.

전씨 시조공은 백제 시조 온조왕을 도와 백제 개국에 큰 공을 세워 온조왕으로부터 개국공신에 봉하여졌다. 묘소가 실전되어 서울 동문 밖 명승지에 자리를 골라 1925년에 천장산 밑 이 자리에 신단을 모시고 매년 10월 전국 후손이 향사를 받들어 오늘에 이른다. 전두환 전 대통령이 그 후손으로 신단 앞에 기념식수를 하였다.

78. 保寧貞節祠

午月保寧供酒肴
오월보령공주효
相思山下一祠嶛
상사산하일사교

檐端碧嶼接天渺
첨단벽서접천묘
檻外蒼空窮海怓
함외창공궁해노

失眼其夫尋婦慽
실안기부심부척
守貞此妻探郎媌
수정차처탐랑묘

美人島說追懷裏
미인도설추회리
過客胸中未語詨
과객흉중미어효

∨ 주(註)
1) 午月 : 음력 5월을 이른다.
2) 嶼 : 섬 서, 또는 수중에 있는 작은 산.

보령 정절사

5월 보령에서 술과 안주를 들고
상사산 오르니 한 사당이 우뚝하도다.

처마 끝에 푸른 섬은 하늘에 아득하고
난간 밖 푸른 하늘 바다 끝에 심란하도다.

눈을 잃은 남편은 아내를 찾기가 슬프고
정조를 지킨 아내는 남편 찾아 아름답도다.

미인도에 전해오는 말을 추회하는 속에
과객의 가슴에 말없는 부르짖음이로다.

보령 정절사(保寧貞節祠)는 충청남도 보령시 오천면 소성리에 있다. 백제시대에 살았던 절세미인 아랑이와 도미가 혼인하였다. 개로왕은 도미 부인이 아름답다는 소문을 듣고 도미를 불러 장기내기를 하게 된다. 내기에 지면 도미의 처 아랑을 왕에게 바치기로 했는데 도미는 장기에 지고 말았다. 그리하여 도미의 아내 아랑(阿娘)은 백제왕궁으로 불려오고 개로왕의 갖은 회유와 협박에도 뜻을 굽히지 않아 끝내 도미의 눈을 멀게 한다. 그래도 아랑은 남편을 찾아 남편과 함께 고구려로 도망가서 해로했다고 한다. 이 얘기는 삼국유사에 실려 있다. 이곳에 도미 부부의 합장묘가 있으며, 그 옆에 있는 사당에 영정이 봉안되어 있다. 해마다 아랑의 정절을 기리는 제사를 지내고 있다고 한다.

79. 定林寺址五層石塔

炎夏古都蒸暑豪
염 하 고 도 증 서 호
扶蘇南麓伽宮高
부 소 남 록 가 궁 고

渺望山影碧霄遠
묘 망 산 영 벽 소 원
遠聞鐘聲蒼霧傲
원 문 종 성 창 무 오

印釋難陀傳佛播
인 석 난 타 전 불 파
無名濟匠貴才遭
무 명 제 장 귀 재 조

舊邦七紀乘煙去
구 방 칠 기 승 연 거
白馬江頭國巧褒
백 마 강 두 국 교 포

▽ 주(註)

1) 難陀 : 백제에 불교를 최초로 전한 인도의 승려.

정림사지 오층석탑

한여름 옛 고을에는 찜통더위로 찌는데
부소산 남쪽 기슭에 탑이 높도다.

아득히 보이는 산 그림자 푸른 하늘은 먼데
멀리서 들려오는 종소리 푸른 안개와 노는도다.

난타라는 인도 중이 불교를 전파하였고
이름 모르는 백제 장인 귀한 재주로 만들었도다.

칠백년 오래된 나라가 연기를 타고 사라진 속에
백마강 가에 국보의 기술을 자랑하도다.

정림사지 오층석탑(定林寺址五層石塔)은 충청남도 부여군 부여읍 동남리에 있다. 백제 제15대 침류왕 원년(384)에 인도의 고승 마라난타(摩羅難陀)가 불경을 가지고 동진(東晋)나라를 거쳐 백제에 들어와서 불교를 전하여 이를 기념하여 정림사를 세우고 이 절 금당 앞에 오층석탑을 세웠다. 그 후 신라가 당나라와 손잡고 백제를 칠 때 당나라 장수 소정방(蘇定方)의 전공을 이 탑에 새기고 이름을 평제탑으로 고쳐 불렀다. 부여에 가보면 백제유물이란 돌멩이 하나도 남겨 놓지 않았는데 이 탑만 남아 있으니 백성은 어찌 씨가 남았겠는가. 동족을 없애기 위하여 오랑캐를 끌어들이는 것을 단불용커든 어찌 호장의 동족을 섬멸한 전공을 찬양한단 말이냐. 여러 번 부여에 갔지만 나는 의도적으로 이 탑을 외면하고 지나쳤다.

80. 扶餘羅城

盛夏古都黍稷歌
성 하 고 도 서 직 가
荒城圍繞老松峨
황 성 위 요 노 송 아

釣龍臺下鷺鷗亂
조 룡 대 하 노 구 란
半月堞頭苔蘚多
반 월 첩 두 태 선 다

白馬江邊紅淚墜
백 마 강 변 홍 루 추
黃山原上赤忠嗟
황 산 원 상 적 충 차

七生護主吾任大
칠 생 호 주 오 임 대
夢裏逢君誓守和
몽 리 봉 군 서 수 화

∨ 주(註)

1) 黃山 : 황산벌 싸움이 벌어졌던 벌판. 계백과 김유신이 치열한 싸움을 벌였던 곳.

부여 나성

무더운 여름 옛 도읍에 기장의 노래인데
황성 터 둘레는 노송이 둘러싸여 높도다.

조룡대 아래엔 갈매기들이 어지럽게 날고
반월성 머리에는 푸른 이끼가 많도다.

백마 강변에는 붉은 눈물이 떨어지는데
황산 언덕위에는 붉은 충성이 높도다.

일곱 번 태어나도 임금을 지키려는 책임 크고
꿈속에서 왕을 만나 평화를 지키겠다 하였도다.

부여 나성(扶餘羅城)은 백제수도 사비를 보호하기 위하여 쌓은 둘레 8km의 성이다.
부소산성을 중심으로 서쪽과 북쪽은 백마강이 자연 방어선이 되었고, 이 나성은 동쪽과 남쪽으로 자연지형을 이용하여 부여 시가지의 외곽을 둘러싸고 있다. 나성의 안쪽에 왕궁과 관청, 사찰, 민가가 들어서고, 계획도시를 세워 도시기반시설을 갖춘 것으로 발굴조사에서 밝혀지고 있다.

81. 宮南池

炎暑柳絲飛亂麻
염 서 유 사 비 란 마
濟宮南岸深淵嘉
제 궁 남 안 심 연 가

長城細雨鶯聲滑
장 성 세 우 앵 성 활
北陌輕飈燕影斜
북 맥 경 료 연 영 사

春宴仙亭仙女舞
춘 연 선 정 선 녀 무
月望桂樹桂芳葩
월 망 계 수 계 방 파

海東最古鑿池老
해 동 최 고 착 지 로
英主武王千萬譁
영 주 무 왕 천 만 화

주(註)

1) 鑿 : 뚫을 착, 끌 착, 얼음뜰 착.

궁남지

한 여름 버들 솜이 삼같이 어지러이 날리는데
백제 궁 남쪽 언덕에 깊은 연못이 아름답도다.

긴 성의 가랑비에 꾀꼬리 소리가 미끄럽고
북쪽 언덕에 바람 부니 제비 그림자 흔들리도다.

정자에선 봄 잔치가 열리어 선녀들이 춤추는데
십오야 밝은 달 계수나무 향기가 꽃답도다.

동해에서 최고로 가장 오래된 연못인 속에
영주 무왕의 소문은 천만년 떠들고 있도다.

궁남지(宮南池)는 충청남도 부여군 부여읍 동남리에 있다.
무왕 35년(634) 궁궐 남쪽에 못을 파고 20여리 밖에서 백마강 물을 끌어들여 물을 채우고 언덕에 버드나무를 심고 가운데 섬을 만들어 정자를 지었다. 현재는 이 못에 연꽃이 심어져서 매년 7월에 서동제(薯童祭)가 열린다.

82. 百濟古墳

百濟都南炭水陽
백 제 도 남 탄 수 양
老松圍遶古墳康
노 송 위 요 고 분 강

漢江滾滾千年綠
한 강 곤 곤 천 년 록
冠岳嚴嚴萬里瑭
관 악 엄 엄 만 리 당

故國風霜青史錄
고 국 풍 상 청 사 록
數基墓塚巷中藏
수 기 묘 총 항 중 장

興亡有運盛秋草
흥 망 유 운 성 추 초
幸保英王陵寢鄉
행 보 영 왕 능 침 향

주(註)

1) 炭水 : 용인에서 발원하여 서울 송파구와 강남구를 거쳐 한강으로 흘러드는 길이 35.6km의 준용하천.

백제고분

백제 서울 남쪽 탄천이 남쪽인데
노송들이 둘러져있는 옛 무덤이 편안하도다.

한강은 끝없이 흐르고 흘러 천년을 푸르고
관악산은 엄하고 엄하여 만리의 옥돌이로다.

백제의 역사는 풍상을 기록하였고
몇 기의 무덤은 도시 중에 감추어져 있도다.

흥하고 망함이 운이 있어 가을 풀이 무성한데
다행히 영광의 임금으로 묘가 보존되었도다.

백제고분(百濟古墳)은 서울특별시 송파구 석촌 호숫가에 있다.
백제 13대왕 근초고왕이 몽촌토성을 이룩하고 그 남쪽에 누대 백제왕의 묘지를 만들어 지금에 전해오고 있는데, 고고학상 누구누구의 왕릉이라는 근거는 찾지 못하고 있다. 당초에는 많은 고분이 있었으나 지금에는 몇몇 개의 사각석축 큰 무덤이 남아있을 뿐이다.

83. 井邑詞碑

桂月楚山殘暑庚
계 월 초 산 잔 서 경
黃江汀岸一祠明
황 강 정 안 일 사 명

松風颯颯萬年曲
송 풍 삽 삽 만 년 곡
竹籟怡怡千里聲
죽 뢰 이 이 천 리 성

家妻思郎岩上立
가 처 사 랑 암 상 립
望夫石像彩雲迎
망 부 석 상 채 운 영

娟娟井邑老詞詠
연 연 정 읍 노 사 영
南北東西安國亨
남 북 동 서 안 국 형

주(註)

1) 桂月 : 음력 8월을 이른다.
2) 楚山 : 전라북도 정읍시 시기동에 있는 산이다. 초산은 옛 정읍의 이름이기도 하다.

정읍사비

8월 초산에 남은 더위가 심한데
황강 물가 언덕에 한 사당이 밝도다.

솔바람 살랑 불어 만년에 부른 노래요
대나무 퉁소소리 흐뭇한 천리의 소리로다.

아내는 낭군을 생각하여 바위위에 서있고
남편을 바라보는 석상에는 운채가 빛나도다.

곱고 고운 정읍의 옛 사랑 노래를 부르는데
남북 동서 편안한 나라가 형통하는도다.

정읍사비(井邑詞碑)는 전라북도 정읍시 정읍사공원에 있다. 현재 우리 겨레에게 남아있는 옛 가요 중에서 제일 오래된 가요이고 백제의 가요이다. 그 내용은 장사를 나간 남편을 걱정하고 기다린다는 내용이고, 남편이 돌아오기를 기다려 고갯마루에서 북쪽하늘을 바라보고 있다가 그대로 돌이 되어 그 돌을 망부석이라 부르게 되었다고 한다.
정읍에는 정읍사비와 망부상이 여러 개 있지만 가장 대표적인 것이 정읍사공원의 망부상과 정읍사비이다. 정읍사공원의 맨 위쪽에 자리한 망부상은 허리띠를 두른 백제여인의 의상을 갖추고 있다. 치마저고리가 하얀 색깔이며 아래까지 단이 있는 반코트를 입고 있다. 망부상은 지금도 남편을 기다리는 간절한 염원을 담은 듯 정읍 시가지를 바라보며 양손을 모은 채 서 있다. 망부상 아래에는 정읍사노래비가 있다.

84. 碧骨堤

萬頃東津兩水青
만 경 동 진 양 수 청
凉風秋景歲豊坰
양 풍 추 경 세 풍 경

姚姚紅柹若星照
요 요 홍 시 약 성 조
灼灼朱蓉如月渟
작 작 주 용 여 월 정

丹女哀淡諵裏感
단 녀 애 담 남 리 감
趙師勇猛醉楓聽
조 사 용 맹 취 풍 청

南坪大野裕年事
남 평 대 야 유 년 사
千里長汀蘆穗馨
천 리 장 정 노 수 형

✔ 주(註)

1) 丹女 : 단야라는 처녀가 심술을 부리는 청룡에게 스스로 몸을 바쳐 벽골제 보수공사가 성공했다는 전설.

2) 趙師 : 조장군으로, 흑룡을 물리쳐 그 후로 벽골제에 평안이 오고 풍년이 들었다 한다.

벽골제

만경강과 동진강은 모두 푸르고
서늘한 바람 가을 경치 풍년의 들이로다.

곱고 고운 홍시는 별이 빛나는 것 같고
아름다운 붉은 부용은 달 머리에 맑도다.

단녀의 슬픈 이야기 설명에 마음이 애처로운데
조 장군의 용맹을 단풍에 취하여 들었도다.

남쪽 큰 들에는 풍년이 들어 넉넉한 속에
천리 긴 물가에 갈대꽃의 향기가 풍기도다.

벽골제(碧骨堤)는 전라북도 김제시 부량면 포교리에서 월승리에 이르기까지 제방이 남아 있는 백제시대의 저수지이다. 사적 제111호. 우리나라 최대의 고대 저수지로 백제의 11대 비류왕 27년(330)에 축조된 것으로 당시 토목기술이 고도로 발달되었음을 입증해주고 있다.
벽골제를 처음 쌓을 때 번번이 제방이 터져 도저히 쌓을 수가 없게 되자 청룡에게 단야낭자를 희생으로 받치고 비로소 제방을 쌓았다 하며, 또 하나 설화는 착한 백룡에게 항적해오는 흑룡을, 조장군(趙將軍)이 활로 쏘아 죽인 뒤로 벽골제에 평안이 오고 연사가 풍년이 들었으며, 조장군의 자손이 이 고장에서 크게 번창하였다. 지금은 수리조합 시설이 완비되어 벽골제가 필요 없게 되었지만 아직도 옛날 유구가 현존하고 있다. 매년 지평선축제가 열리고 있다.

85. 養士齋

霜滿朗山紅葉蒸
상 만 낭 산 홍 엽 증
書岩窟下一齋登
서 암 굴 하 일 재 등

檐端近岫連屛嶂
첨 단 근 수 연 병 장
庭外秋桃勝武陵
정 외 추 도 승 무 릉

旣集典墳指垢蹟
기 집 전 분 지 구 적
末消粉板黑痕凝
말 소 분 판 흑 흔 응

高師膝裏結雲露
고 사 슬 리 결 운 로
聲問如雷天地弘
성 문 여 뢰 천 지 홍

∨ 주(註)

1) 朗山 : 영암의 별칭.

양사재

서리가 가득한 영암에 단풍색이 더하는데
서암 높은 굴 밑의 한 재실에 올라갔도다.

처마 끝 봉우리들 병풍처럼 둘러싸였고
뜰밖의 가을 무릉도원이 아름답도다.

쌓여있는 경전에는 손때가 묻은 자취요
방안의 분판에는 먹 자욱이 엉겨있도다.

높은 스승 무릎아래 구름과 이슬이 맺혔고
우레와 같은 명성에 천지가 진동하는 도다.

양사재(養士齋)는 전라남도 영암군 군서면 도갑리에 있는 조선 시대의 서당이다. 왕인(王仁) 선생이 지인들과 담소를 나누었던 곳으로 전해진다.
왕인 선생은『천자문(千字文)』1권과『논어(論語)』10권을 가지고 일본에 건너가 일본 태자의 스승이 되었으며, 일본에서는 인본 문학의 시조가 된 인물이다.
조선시대 때 구림(鳩林) 대동계(大同契)에서 문산재(文山齋)라는 서당을 열었는데, 인재가 많이 배출되어 학자들이 많이 모여 들었다. 공간이 부족해지자 문산재 옆에 양사재를 지어 학자들이 공부하는 곳으로 이용하였다고 한다.
월출산 남쪽의 험한 산길을 올라갔다. 양사재 뒤에 장서굴이 있는데 이 굴속에 많은 서적을 쌓아두는 서고로 쓰였다고 한다.

86. 王仁廟

寒露朗川秋色尤
한 로 낭 천 추 색 우
月峰南麓一祠丘
월 봉 남 록 일 사 구

廟庭白晝老靈寐
묘 정 백 주 노 령 매
甍上蒼雲騷客侔
맹 상 창 운 소 객 모

渡日論文傳聖學
도 일 론 문 전 성 학
國師帝傅遇恩優
국 사 제 부 우 은 우

萬年若電閃光艶
만 년 약 전 섬 광 염
青史英名千世烋
청 사 영 명 천 세 휴

주(註)

1) 寒露 : 24절기 중 열일곱 번째 절기로 찬이슬이 맺히는 시기를 이른다.
2) 朗川 : 영암의 별칭.

왕인묘

시월 한로에 영암에 가을빛이 더하는데
월봉 남쪽기슭에 한 사당의 언덕이로다.

사당 뜰엔 대낮에 늙은 신령이 잠을 자고
대마루 위 푸른 구름과 시인이 닮았도다.

일본에 건너가 한문학을 전파한 성인이요
국사로 임금 선생님 은혜의 대우가 넉넉하도다.

만년토록 번개 빛 같은 섬광이 아름다운데
청사에 꽃다운 이름 천세토록 아름답도다.

왕인묘(王仁廟)는 전라남도 영암군 영암읍 성기동에 있다. 백제의 대학자인 왕인 선생을 기리기 위한 사당이다.

선생은 ≪논어≫와 ≪천자문≫ 등 많은 유교경전을 휴대하고 일본으로 건너가 일본사람에게 한문과 유교를 전파하여 일본문화를 처음으로 개창하였으며, 일본사람들로부터 높이 숭앙을 받고 있는 선생님이다.

일본의 글자인 가나는 이두문자에서 만들었다고 하는데, 이두문자는 우리가 가지고 있는 본래의 글자이고 한문에서 유래한 표음문자이다.

87. 凌虛臺址

玄月仁州秋氣侵
현 월 인 주 추 기 침
凌虛臺上兩人襟
능 허 대 상 양 인 금

南望遠海到天界
남 망 원 해 도 천 계
北眺麗廳疑珷琳
북 조 려 청 의 무 림

華渡濟臣遊興樂
화 도 제 신 유 흥 락
執袍路柳片思深
집 포 로 류 편 사 심

慕情千里斷腸裏
모 정 천 리 단 장 리
雰雪落花炎怨岑
분 설 락 화 염 원 잠

주(註)

1) 玄月 : 음력 9월의 이칭.

2) 仁州 : 인천의 이칭.

능허대지

9월 인천에 가을 기운이 들어오는데
능허대 위에 두 사람이 만나도다.

남쪽 먼 바다를 바라보니 천상 세계에 이르고
북쪽을 보니 아름다운 건물들이 선계 같도다.

중국으로 가던 백제 사신들 유흥을 즐기었고
소매를 잡는 기녀의 짝사랑이 깊도다.

그리운 정 천리 먼 길 창자를 끊는 아픔인데
눈처럼 떨어지는 꽃 불꽃같은 원망이 높구나.

능허대지(凌虛臺址) : 능허대(凌虛臺)는 인천광역시 연수구에 있는 돈대로서 거기서 중국으로 가는 배를 타게 되어있는데 그 나루 이름이 한진이고 이 돈대는 기생암이라는 별명으로 많이 부른다. 그 돈대 위에 조그만 정자가 서 있다.
백제의 학자들이 중국으로 건너갈 때 이 한진 나룻가에서 배를 기다리다가 술자리에서 그곳 기생을 만났는데 학자들은 떠나고 그 기생은 그중 어느 한 학자를 그리다가 이루지 못하자 그가 탄 중국 가는 배가 멀리 보이지 않자 서향요배하고 물에 빠져 죽었다는 전설이 있다. 그 후 능허대는 기생암으로 불린다.

88. 慰禮城

菊月寧州慰禮覃
국 월 영 주 위 례 담
扶蘇山麓爽風甘
부 소 산 록 상 풍 감

湖西大野金濤麗
호 서 대 야 금 도 려
錦北連峯古堞襤
금 북 련 봉 고 첩 람

盛替三韓恒有理
성 체 삼 한 항 유 리
興亡百濟亦無慚
흥 망 백 제 역 무 참

弔靈溫帝問何處
조 령 온 제 문 하 처
歸鳥秋天空默含
귀 조 추 천 공 묵 함

∨ 주(註)

1) 菊月 : 음력 9월의 이칭.

2) 寧州 : 천안의 이칭.

위례성

구월 천안 위례성에 도착하니
부소산 기슭에 상쾌한 바람이 달도다.

호서의 넓은 들에 황금물결이 아름답고
금북산 이어진 봉우리 옛 성이 남루하도다.

삼한의 성체가 항상 이치가 있음이요
백제의 흥망 또한 부끄러움이 없도다.

온조왕의 신령에게 조상을 어디에 물을꼬
돌아가는 새 가을하늘에 묵묵히 날아가네.

위례성(慰禮城)은 충청남도 천안시 직산면에 있는 백제의 옛 성터이다. 삼국사기에 의하면 백제 온조와 비루가 하남 위례성에 처음으로 도읍을 정하였다고 기록하고 있는데 이곳에 지금은 석성이 허물어져 이끼 낀 돌이 쌓여있을 뿐이다. 하남 위례성의 위치가 어디인가 하는 것은 역사상 아직 정설이 없으나 그 위치로 보아 가히 이곳은 도읍이 될 만한 자리였다.

89. 文鶴山城

菊月邵城西渚鹽
국 월 소 성 서 저 염
纔登文鶴紫雲謙
재 등 문 학 자 운 겸

千年松籟興無敵
천 년 송 뢰 흥 무 적
萬里海風濤未恬
만 리 해 풍 도 미 념

彌主奠都開國祚
미 주 전 도 개 국 조
韓兵上陸擧頭瞻
한 병 상 륙 거 두 첨

猗歟百濟斯王肇
의 여 백 제 사 왕 조
青史英名永世添
청 사 영 명 영 세 첨

∨ 주(註)

1) 菊月 : 음력 9월의 이칭.
2) 文鶴 : 인천에 있는 문학산.
3) 彌主 : 미추홀왕. 백제의 비류가 미추홀에 도읍을 정하였다. 여기에서는 비류왕을 말한다.

문학산성

9월 인천 서해안의 물이 소금인데
문학산성에 오르니 붉은 구름이 공손하도다.

천년 솔바람소리의 흥은 끝이 없고
만리의 해풍에 파도는 편안하지 않도다.

미추홀왕은 도읍을 정하여 백제를 창건하였고
한국 해병은 이 산성에 상륙하여 굽어보았도다.

아! 그런가 이곳에 백제의 미추홀 나라를 시작한 속에
청사에 꽃다운 이름 영세토록 더하리로다.

문학산성(文鶴山城)은 인천광역시 남구 문학동과 학익동, 연수구 연수동에 걸쳐 있는 산성이다.
백제의 온조와 비루가 처음으로 나라를 세울 때 미추홀에다 나라를 세웠다고 하는데 아마도 그것은 소금과 항구를 찾아서 그리하였다는 설이 있다. 그 후에 미추홀이 적당치 않다고 하여 도읍을 이곳에서 가까운 직산의 하남 위례성으로 옮겼다 하는데, 그렇다면 미추홀 고도 자리로 추정되는 이곳이 백제 최초의 도읍자리는 설의 타당성이 있다. 고래로 군사적 요충지여서 인천상륙작전에 맥아더 원수가 한국 해병대에게 이 산성을 먼저 점령하고 북쪽으로 서울로 진격하라고 명령하였다는데서 영예로운 승전유적 이름이 남아있다.

90. 羅濟通門

秋晩溪山五色咸
추 만 계 산 오 색 함
九千洞裏美楓諵
구 천 동 리 미 풍 남

裕嵎碧嶂祥雲驅
유 우 벽 장 상 운 구
赤岳紅裳靈舞颿
적 악 홍 상 영 무 범

伊里東隣羅語峻
이 리 동 린 나 어 준
新村西近濟風巉
신 촌 서 근 제 풍 참

十年學詠登天塾
십 년 학 영 등 천 숙
終韻斯詩萬感銜
종 운 사 시 만 감 함

✔ 주(註)
1) 裕嵎 : 덕유산을 이른다.
2) 赤岳 : 적성산을 이른다.

나제통문

늦가을 산과 계곡이 오색으로 물들고
구천동 온 누리가 고운 단풍으로 떠들썩하도다.

덕유산 푸른 연봉에서 상서로운 구름 몰려오고
적상산 붉은 치마에 신령한 안개가 달려오도다.

이 동쪽 이웃의 이남리는 신라의 방언이 높고
서쪽의 신두마을은 백제 풍속이 산처럼 높도다.

동천서숙에서 십년을 한시를 공부하였는데
끝 운자를 짓고 보니 만감이 서리는구나.

나제통문(羅濟通門)은 무주와 함양과의 경계이고, 옛날 신라와 백제의 경계에 만들어진 인공터널로서 우리나라 최고(最古)의 터널이다.
옛날에 신라와 백제 군사들이 이 고개를 넘어서 서로 공방전을 벌였는데, 그 경계에 무계천이 흐르고 그 후에 그 고갯길에 인공터널을 뚫어서 통로로 사용하였으며, 현재도 2차선 자동찻길이 옛날 통문을 통과하고 있다. 그런데 이 고개 남쪽에 무주군, 옛날 경상남도 거창군 무풍면 이남리와 전라북도 무주군 무주읍 신정리는 불과 수백m의 거리 밖에 떨어지지 아니 하였는데, 지금까지도 이 두 동리의 사람의 말과 풍속이 신라, 백제의 그것을 그대로 유지하고 있으며, 두 동리 백성이 서로 왕래도 안하고 통혼도 아니 한다고 한다.

第4部
加耶詠歌

91. 龜旨峰

龜旨壯峰臨海東
구 지 장 봉 임 해 동
卵生首露六村崇
난 생 수 로 육 촌 승

松林巨櫃男兒秀
송 림 거 궤 남 아 수
開國加耶始祖功
개 국 가 야 시 조 공

昔日久傳歌樂響
석 일 구 전 가 락 향
只今閑暇暮霞紅
지 금 한 가 모 하 홍

千年歷史如流去
천 년 역 사 여 류 거
游客吟詩興不窮
유 객 음 시 흥 불 궁

∀ 주(註)

1) 加耶 : 낙동강 일대에 있었던 6개 나라의 고대 연맹 왕국.

구지봉

구지봉은 동해에 임했는데
알에서 태어난 수로 육촌으로 높도다.

송림의 큰 궤에 남아가 빼어났고
가야를 개국한 시조의 공이로다.

옛날 구전되어온 구지가가 울리고
지금 한가하니 저녁안개가 붉도다.

천년 역사가 물 흐르듯 가는데
나그네 시를 읊노니 흥이 끝간데 없도다.

▼ 해제(解題)

구지봉(龜旨峰)은 경상남도 김해시 구산동에 있다.
작은 산봉우리로 사적 제429호로 지정되었다. 가야의 시조 수로왕이 탄강한 곳으로 원래 거북모양을 닮았다고 하여 구지봉이라 하였다. 수로왕비 능이 있는 평탄한 위치가 거북의 몸이요, 봉우리 형상이 거북이 머리 모양과 같아 이 같은 이름이 붙었다.

92. 首露王陵

殘雪深林寒氣冬
잔설심림한기동
探尋金海一陵逢
탐심김해일릉봉

祚王首露卵生誕
조왕수로난생탄
皇后許妃西國從
황후허비서국종

善政加耶豊歲頌
선정가야풍세송
聖君堯舜順治宗
성군요순순치종

黎民和睦盛饒樂
여민화목성요락
靑史萬年洪大峯
청사만년홍대봉

∨ 주(註)

1) 首露 : 금관가야의 시조 왕.

2) 許妃 : 수로왕비로 아유타국에서 왔다고 한다.

수로왕릉

잔설의 깊은 숲에 한기가 겨울인데
찾아가니 김해의 한 언덕을 만났도다.

조왕 수로대왕이 알에서 탄생하였고
황후 허비는 서국에서 왔도다.

선정으로 가야는 풍년을 기리고
성군 요순의 정치를 따랐도다.

백성들과 화목하고 배부른 즐거움 속에
청사 만년에 넓고 큰 봉우리로다.

✔ 해제(解題)

수로왕릉(首露王陵)은 경상남도 김해시 서상동에 있으며, 금관가야의 시조 왕릉으로 사적 제73호로 1580년 선조 13년에 왕릉을 수축하여 상석, 석단, 능묘를 갖추었고, 1647년 능비를 세웠으며 능비에 가락국 수로왕릉(駕洛國首露王陵)이라 새겼다. 1884년 고종 때 숭선전(崇善殿)인 침묘(寢廟)를 개축하였으며, 안향각(安香閣), 신도비각(神道碑閣), 석양(石羊)을 설치하였다.

93. 興國寺明月寺址

明月寺墟臨洛江
명 월 사 허 임 낙 강
加耶興國建菴幢
가 야 흥 국 건 암 당

許妃首露因緣屋
허 비 수 로 인 연 옥
安保康寧所願窓
안 보 강 녕 소 원 창

善治黎民偕樂一
선 치 여 민 해 락 일
貴嬪夫婦順和雙
귀 빈 부 부 순 화 쌍

千年歷史盛衰易
천 년 역 사 성 쇠 역
世事無常萬代淙
세 사 무 상 만 대 종

주(註)
1) 嬪 : 아내 빈, 시집갈 빈.

홍국사 명월사지

명월사 터는 낙동강에 임하는데
가야 홍국사의 당간 지주로다.

허비와 수로왕이 인연을 맺은 집이요
안보와 강녕을 소원하는 창이로다.

선치는 여민과 함께 즐김이 제일이요
귀빈 부부가 따르는 화목한 쌍이로다.

천년 역사가 성쇠가 바뀌니
세상일 무상한 만대의 물소리로다.

➤ 해제(解題)

홍국사 명월사지(興國寺明月寺址)는 경상남도 김해군 녹산면 지사리 이었다가 행정구역명이 바뀌어 부산광역시 강서구 지사동이 되었다.
이곳에 있었던 명월사터는, 수로왕과 수로왕비가 첫날밤에 장막을 치고 합혼하던 곳이라고 한다. 이 명월사는, 수로왕의 8대손 김질왕이 허왕후의 명복을 빌고자 452년에 세운 왕후사로 추정되고 있다. 그러나 왕후사는 물론 명월사 또한 없어진지 오래고, 근래에는 홍국사란 절이 그 자리에 들어서면서, '왕후를 맞이한 곳'이라는 비석만이 남아있다.

94. 大加耶主山城

端午高靈探訪支
단 오 고 령 탐 방 지
耳山頂上主城基
이 산 정 상 주 성 기

大江圍繞作垓字
대 강 위 요 작 해 자
重疊連峯成堞籬
중 첩 연 봉 성 첩 리

邦國平康危急救
방 국 평 강 위 급 구
敵侵擊退保民治
적 침 격 퇴 보 민 치

興亡盛替世間事
흥 망 성 체 세 간 사
失史情懷歸路遲
실 사 정 회 귀 로 지

▼ 주(註)

1) 垓字 : 적의 침입을 막기 위해 성 밖을 둘러 파서 물을 채워 못으로 만든 것.

대가야 주산성

단오의 고령으로 역사탐방을 하는데
말이산 정상은 주산성의 터로다.

큰 강 해자를 만들어 둘렀고
많은 성은 이어져 성첩의 울타리로다.

나라의 평강은 위급을 구하고
적침을 격퇴로 백성을 보호하고 다스렸도다.

흥망성쇠가 세간의 일인데
역사를 잃은 마음에 귀경길이 더디도다.

∀ 해제(解題)

대가야 주산성(大加耶主山城)은 경상북도 고령군 대가야읍 중화리에 있다. 가야시대 산성으로 이산성(耳山城)이라고도 한다.

해발 311m. 주산(主山) 정상부와 능선에 쌓은 대가야의 토석혼축산성(土石混築山城)으로 내성과 외성으로 이루어져 있다. 내성의 성벽은 해발 270~290m의 9부 능선을 따라 긴 타원형으로 쌓았고, 외성은 내성의 남북 양끝 산 아래쪽 해발 160m정도의 6부 능선을 따라, 5각형에 가까운 모습으로 쌓였다. 정상에 주산성비(主山城碑)가 있다.

95. 高靈池山洞古墳

雨後高靈暑氣微
우 후 고 령 서 기 미
池山洞峴古墳圍
지 산 동 현 고 분 위

洛江滾滾銀波起
낙 강 곤 곤 은 파 기
火旺嚴嚴綠樹肥
화 왕 엄 엄 녹 수 비

陶器紅珠遺物璨
도 기 홍 주 유 물 찬
馬鞍耳飾貴瑛輝
마 안 이 식 귀 영 휘

加耶歷史追懷裏
가 야 역 사 추 회 리
騷客傷心遠路歸
소 객 상 심 원 로 귀

▼ 주(註)

1) 火王 : 화왕산을 이른다.

고령 지산동 고분

비온뒤 고령의 더위가 덜해지는데
지산동 고개는 고분에 둘려있도다.

낙동강은 곤곤하여 은빛 파도가 일고
화왕산은 엄엄하여 녹색으로 풍요롭도다.

도기와 붉은 구슬 등 유물이 찬란하고
말안장, 귀걸이, 귀한 패물이 빛나도다.

가야 역사를 돌아보고 그리워하는데
시인은 상심하여 먼 길을 돌아오도다.

✔ 해제(解題)

고령 지산동 고분(高靈池山洞古墳)은 경상북도 고령군 대가야읍 지산리에 있다. 사적 제79호로 지산동 고분에서는 대량의 토기와 함께 금동관, 갑옷, 투구, 긴 칼, 꾸미개류가 출토되고 있어, 4~6세기경에 축조된 대가야 지배계층의 무덤으로 추정되고 있다.

1976년 사적정화사업 때 외형이 확실하고, 비교적 큰 고분에 한해 일련번호를 매겨 현재 제72호분까지 정해져 있다.

96. 馬山縣洞遺跡

南海碧波觀躍魚
남 해 벽 파 관 약 어
牛山縣洞古墳琚
우 산 현 동 고 분 거

嚴嚴烽火松林繞
엄 엄 봉 화 송 림 요
寞寞白沙水鳥疎
막 막 백 사 수 조 소

工具土壺遺物出
공 구 토 호 유 물 출
馬銜貝塚埳渠餘
마 함 패 총 감 거 여

加耶文化千年赫
가 야 문 화 천 년 혁
失國傷心暮色徐
실 국 상 심 모 색 서

∨ 주(註)
1) 埳 : 구덩이 감.

마산 현동 유적

남해의 벽파에 물고기가 뛰어오르는데
마산 현동에 고분이 아름답도다.

엄엄한 봉화산은 송림에 둘려있고
아득한 모래사장엔 물새가 드문드문 있도다.

공구, 토호 등 많은 유물이 나오고
말 재갈, 패총, 구덩이가 남아있도다.

가야의 문화가 천년에도 빛나는데
실국에 마음 아파하는데 저녁노을이 지는구나.

✔ 해제(解題)

마산 현동 유적(馬山縣洞遺跡)은 경상남도 창원시 마산합포구 현동에 있다. 유적의 북쪽 배후에는 봉화산(烽火山)이 솟아있고 남동향으로 급경사를 이루어 저평한 구릉으로 연결된다. 현동유적은 1988년 말경 마산 충무간 국도 확장공사시 가야 토기, 패각 등이 확인되어 발굴조사가 시작되었고, 주거지 패총 고분군이 혼재된 가야시대의 고분으로 확인되었다. 출토유물은 쇠도끼, 쇠낫조각, 민무늬토기조각 등이 있으며, 주거지 내부에는 기둥 박혔던 구덩이가 돌려져 있고, 저장 구덩이 시설, 벽, 도랑 시설이 확인되었다.

97. 咸安末伊山古墳

探史咸安暑氣虞
탐 사 함 안 서 기 우
加耶道項古墳孤
가 야 도 항 고 분 고

金環耳飾長刀出
금 환 이 식 장 도 출
馬甲鐵矛土器俱
마 갑 철 모 토 기 구

領主已亡群衆泣
영 주 이 망 군 중 읍
僕婢殉葬族人吁
복 비 순 장 족 인 우

國家盛替浮雲樣
국 가 성 체 부 운 양
稀老傷心豈可無
희 로 상 심 기 가 무

∀ 주(註)

1) 殉葬 : 권력가가 죽으면 현세에 부리던 시종을 산채로 같이 무덤에 묻는 제도.

함안 말이산 고분

탐사하는 함안 오후 더위를 걱정하니
가야읍 도항리에 고분이 외롭도다.

금가락지, 귀걸이, 긴 칼이 나오고
말 재갈, 쇠창, 토기가 함께 나왔도다.

영주가 이미 죽으니 군중이 울고
노비 순장에 가족들이 탄식하는도다.

국가가 망하고 흥함이 뜬구름 같은데
칠십 늙은이 상심이 어찌 가히 없겠는가?

✔ 해제(解題)

함안 말이산 고분(咸安道項里古墳)은 경상남도 함안군 가야읍 도항리에 있다. 도항리 유적은 아라가야의 고분으로 사적 제84호로 지정되어 있으며, 이 고분은 함안지역의 최고 지배자집단의 공동묘지로 비정된다. 함안의 높은 산줄기를 배경으로 하고 분지의 한가운데로 능선위에 대형 봉토분이 밀집되어 있는 대표적인 가야지역 고분이다.

출토유물은 와질(瓦質)의 쇠뿔손잡이항아리와 승석문항아리, 독모양토기가 주종을 이루고 있다. 노비의 순장이 확인되었다.

98. 陜川玉田里古墳

中夏陜川草色齊
중하합천초색제
玉田洞岸古墳隄
옥전동안고분제

金銅冠飾馬銜秘
금동관식마함비
鐵製大刀陶器媞
철제대도도기제

領主死亡民衆哭
영주사망민중곡
奴婢殉葬族人啼
노비순장족인제

千年文化探尋裏
천년문화탐심리
遊子傷心日暮悽
유자상심일모처

▿ 주(註)

1) 中夏 : 여름의 한창 때, 음력 5월.

합천 옥전리 고분

한여름 합천에 풀색이 가지런한데
옥전동 언덕 고분의 둔덕이로다.

금동모자의 장식, 말 재갈이 신비스럽고
철제 큰 칼 도기가 아름답도다.

영주가 죽으니 백성들이 곡을 하고
노비는 순장되어 가족이 우는도다.

천년 문화를 찾아 더듬어보는 속에
나그네 상한 마음 지는 해가 이끄는도다.

✓ 해제(解題)

합천 옥전리 고분(陜川玉田里古墳)은 경상남도 합천군 쌍책면 성산리 산 23-18번지에 있다. 사적 제326호로, 성산리 옥전골의 구릉지대에 분포하는 합천지역의 중심고분이다. 1985년부터 6년간 경상대학교 박물관의 황강변 정밀지표조사과정에서 다량의 유물이 발견되었다. 2,000여 점의 유물이 수습되어 가야국 최고지배자집단의 공동묘지로 밝혀졌다. 유물은 토기, 철제 갑주, 화살촉, 대도, 무구와 발걸이, 재갈, 안교, 말투구, 마구, 금제이식, 비취곡옥과 유리구슬목걸이 등이 출토되었다. 노비의 순장이 확인되었다.

99. 昌原道溪洞古墳

探訪昌原山野佳
탐 방 창 원 산 야 가
道溪洞裏古墳厓
도 계 동 리 고 분 애

深林遠岫綠陰鬱
심 림 원 수 녹 음 울
清水長江滄浪齊
청 수 장 강 창 랑 제

土器土壺漁具出
토 기 토 호 어 구 출
鐵鎌鐵劍甕棺埋
철 겸 철 검 옹 관 매

加耶文化萬年赫
가 야 문 화 만 년 혁
往史傷心農酒偕
왕 사 상 심 농 주 해

✔ 주(註)
1) 鎌 : 낫. 풀 베는 낫 겸.

창원 도계동 고분

탐방하는 창원에 산과 들이 아름다운데
도계동에 옛 고분의 언덕이로다.

깊은 숲 먼 묏부리는 녹음이 울창한데
맑은 물 장강은 푸른 물결이 가지런하도다.

토기, 토호, 어구가 나오고
쇠낫, 철검, 옹관이 묻혔도다.

가야문화가 만년에 빛나는데
지난 역사 상한 마음 농주로 달랜다.

✔ 해제(解題)

창원 도계동 고분(昌原道溪洞古墳)은 경상남도 창원시 도계동에 있다.
이 고분은 서상동 구릉지대에서 동북으로 뻗어나간 높이 30m정도의 능선에 위치하고 있다. 1986년 도로공사 중 노출되어 발굴 조사한 결과 가야시대 움무덤 12기, 널무덤 13기, 독널무덤 34기, 삼한시대 움무덤 3기, 조선시대 민묘 2기 등 가야시대 무덤 31기가 조사되었다.
부장유물로 회색연질의 쇠뿔모양손잡이단지, 화로모양토기, 철검, 투겁창, 쇠낫, 화살촉, 어구 등이 출토되었다.

100. 梁山北亭里古墳

榴夏梁州雨後灰
유 하 양 주 우 후 회
北亭洞岸古墳恢
북 정 동 안 고 분 회

木棺領主便安夢
목 관 영 주 편 안 몽
殉葬奴婢怨痛哀
순 장 노 비 원 통 애

銀製指環千歲美
은 제 지 환 천 세 미
金銅冠帶萬年才
금 동 관 대 만 년 재

榮華歷史思懷裏
영 화 역 사 사 회 리
日暮騷人歸路催
일 모 소 인 귀 로 최

▽ 주(註)

1) 榴夏 : 음력 4월의 별칭.

양산 북정리 고분

4월 양산은 비온 후에 하늘이 흐렸는데
북정동 언덕에 옛 묘가 크도다.

목관의 영주는 편안히 꿈을 꾸고
순장된 노비는 이지러져 죽어 원통하도다.

은제 반지는 천년에도 아름다운데
금동 관대는 만년의 재주로다.

영화로운 역사를 추회하는 속에
저녁노을에 시객 먼 길을 재촉하는도다.

✔ 해제(解題)

양산 북정리 고분(梁山北亭里古墳)은 경상남도 양산시 북정동 일대에 분포되어 있다. 동아대학교 박물관에서 조사하였다. 하북정 고분에서 15기, 북정동 고분에서 32기가 발굴되었다. 이 고분 중의 부부총(사적 제93호)에서 순장(殉葬) 인골이 발견되었다.

대부분 앞트기식 돌방 혹은 앞트기식 돌방 혹은 앞트기식 돌 덧널분으로 분류할 수 있는 구조이며, 유물로 은제지환, 유리장신구, 금동관대, 환두대도 등이 출토되었다.

101. 山清生草於西古墳

盛夏山清景色眞
성 하 산 청 경 색 진
於西洞裏古墳珉
어 서 동 리 고 분 민

葛田深谷杜鵑唱
갈 전 심 곡 두 견 창
鏡水潺波鷗鷺彬
경 수 잔 파 구 로 빈

土器土壺經萬歲
토 기 토 호 경 만 세
馬銜馬具度千春
마 함 마 구 도 천 춘

加耶失國歎心裏
가 야 실 국 탄 심 리
日暮遠途懷恨呻
일 모 원 도 회 한 신

산청 생초어서 고분

한여름 산청은 경치가 좋은데
어서동엔 고분이 아름답도다.

갈전산 골짜기에서 두견새가 맞아주는데
경호물의 잔잔한 물결에 갈매기가 빛나도다.

토기, 토호 등은 만년을 지났고
말 재갈, 마구가 천년을 건너왔도다.

가야는 이미 가고 마음이 심란한 속에
해는 지고 먼 길을 회한에 끙끙거리도다.

✔ 해제(解題)

산청 생초어서 고분(山淸生草於西古墳)은 경상남도 산청군 생초면 어서리 산 93-1일대에 분포되어 있다. 경상남도 기념물 제7호인데 도굴과 개간으로 많이 파괴되고 유실되었다. 고분은 100여 기이고 수혈식 석실묘가 대부분으로 추정된다. 유물은 긴목 토기항아리, 짧은 목 토기항아리, 기대, 광구호, 파수부완, 파수부옹 토기와 마구, 큰 칼, 작은 칼 특히 일본계의 청동거울과 일본계 토기가 출토되어, 당시 가야와 일본의 교류관계를 살펴볼 수 있다.

102. 釜山福泉洞古墳

螢月釜山靑綠文
형 월 부 산 청 록 문
福泉洞裏古墳芬
복 천 동 리 고 분 분

洛江碧水西流進
낙 강 벽 수 서 류 진
金井靈峯東聳賁
금 정 영 봉 동 용 분

農具短壺刀子美
농 구 단 호 도 자 미
玉珠冠帽土杯殷
옥 주 관 모 토 배 은

興亡有數世間事
흥 망 유 수 세 간 사
悔恨客人歸路勤
회 한 객 인 귀 로 근

∨ 주(註)

1) 螢月 : 반딧불이 음력 6월에 많다고 해서 붙인 별칭.

부산 복천동 고분

6월의 부산은 청록으로 빛나는데
복천동의 고분이 향기롭도다.

낙동강 푸른 물은 서쪽으로 흘러가고
금정산 영봉은 동쪽으로 솟아 빛나도다.

농구, 단호, 칼 등이 아름다운데
옥구슬, 모자, 술잔이 많도다.

흥망이 유수함은 세간사인데
회한의 객인이 돌아올 길이 바쁘도다.

▼ 해제(解題)

부산 복천동 고분(釜山福泉洞古墳)은 부산광역시 동래구 복천로 66에 있다. 우리나라 삼국시대 고분 중 갑주자료가 가장 많이 출토된 큰 대형무덤 중 하나다. 복천동 고분 11호에서 무덤 주인공 머리 쪽에서 비늘갑옷과 부속 갑옷들이 출토되었다. 21호분과 22호분, 53호분에서 순장 인골이 확인되었다. 유물은 투구 한 세트, 비늘갑옷, 목가리개, 말투구, 술잔, 농기구, 금동관, 단경호가 출토되었는데, 상태가 매우 양호할 뿐 아니라 갑옷과 투구 제작의 정형을 갖춘 완성형 세트로 되어있다.

103. 晉州佳佐洞古墳

探史加耶夏景元
탐 사 가 야 하 경 원
晉州佳佐古墳琨
진 주 가 좌 고 분 곤

馬銜馬具土壺妙
마 함 마 구 토 호 묘
鐵劍璃杯銅盌焞
철 검 이 배 동 완 돈

殉葬奴婢顔面斃
순 장 노 비 안 면 폐
斂屍領主股肱媛
염 시 영 주 고 굉 원

身分差異悲慙裏
신 분 차 이 비 참 리
荒廢舊墟雜草繁
황 폐 구 허 잡 초 번

진주 가좌동 고분

탐사하는 가야의 경치가 으뜸인데
진주 가좌동 고분이 아름답도다.

말 재갈, 마구, 토호가 묘한데
쇠칼, 유리잔, 구리주발이 빛나도다.

순장 노비의 얼굴은 일그러졌는데
거둔 영주의 팔다리는 가지런하도다.

신분차이의 비참한 속에
옛날 옛터에 잡초만이 무성하구나.

▼ 해제(解題)

진주 가좌동 고분(晉州佳佐洞古墳)은 경상남도 진주시 가좌동에 있다. 1988년 경상대학교 박물관에 의하여 고분 내의 일부분인 4기의 고분 발굴조사가 시작되었다. 제1호분은 소형석곽분인 2. 3. 4호분과 더불어 일종의 다곽분일 가능성이 높다. 노비가 순장된 확증이 발굴되었다. 모두 세장방형의 수혈식 석곽분이다. 유물은 모든 유구에서 출토되었으며, 토기 26점, 철기 19점, 귀걸이 한 짝, 토제구슬목걸이, 방추차 2점 등 49점이 출토되었다.

104. 星州星山洞古墳

上月新安冬色寒
상 월 신 안 동 색 한
星山洞裏雪花蘭
성 산 동 리 설 화 란

靑峯兀兀白雲艶
청 봉 올 올 백 운 염
碧水悠悠銀浪爛
벽 수 유 유 은 랑 란

有蓋長壺金飾臥
유 개 장 호 금 식 와
馬銜土器手刀安
마 함 토 기 수 도 안

加耶歷史探尋裏
가 야 역 사 탐 심 리
落日西天暮彩玕
낙 일 서 천 모 채 간

∀ 주(註)
1) 新安 : 성주의 옛 이름.

성주 성산동 고분

동짓달 성주의 겨울 경치가 아름다운데
성산동에 눈꽃이 난 같도다.

푸른 봉우리 높아 흰 구름이 고운데
벽수 유유히 은물결 빛나도다.

뚜껑 있는 항아리, 금장식이 나오고
말 재갈, 토기, 손칼이 편안하도다.

가야 역사를 더듬어 찾는 즐거움 속에
해 지는 서쪽하늘에 노을이 아름답도다.

✔ 해제(解題)

성주 성산동 고분(星州星山洞古墳)은 경상북도 성주군 성주읍 성산리 산61번지에 있다. 사적 제86호로, 성산리의 북서쪽 능선과 산기슭에 원형 봉토분들이 밀집 분포되어 있고, 현재 59기 고분이 알려져 있다.

1986년과 1987년에 계명대학교 박물관이 38. 39. 57. 58. 59호분을 조사하였다. 유물로 토기류, 관못, 손칼, 창, 철부, 철제은장고리, 6호분에서는 2단투창과 뚫린 굽다리접시가, 성산동대분에서는 300점에 달하는 토기류가 출토되었다.

105. 南原月山里古墳

流夏暴炎雨後刪
유 하 폭 염 우 후 산
月山洞岸古墳班
월 산 동 안 고 분 반

天王峰下綠陰美
천 왕 봉 하 녹 음 미
般若嶺中嵐氣還
반 야 령 중 람 기 환

龍刻大刀農具埋
용 각 대 도 농 구 매
菊紋長劍土壺閑
국 문 장 검 토 호 한

加耶文化萬年燦
가 야 문 화 만 년 찬
失國傷心騷客潸
실 국 상 심 소 객 산

▼ 주(註)

1) 流夏 : 6월을 이른다.

남원 월산리 고분

6월의 폭염이 비온 뒤 깎이는데
월산리 언덕에 고분이 늘어섰도다.

천왕봉 아래엔 녹음이 아름답고
반야봉엔 산기운이 둘러있도다.

용이 새겨진 큰 칼과 농구가 묻혀있고
국화무늬, 큰 칼, 토기가 한가하도다.

가야 문화가 만년에 빛나는데
나라 잃은 상심에 시객은 눈물을 흘린다.

➤ 해제(解題)

남원 월산리 고분(南原月山里古墳)은 전라북도 남원시 아영면 월산리 구지내기에 있다. 1983년 88고속도로를 건설할 때 원광대학교와 마한 백제문화연구소가 문화 발굴조사에서 발견되었다. 그러나 1987년 전북대학교 박물관이 지표조사 할 때 7기가 파괴되고 3기만 남았다.
유물로는 뚜껑달린 목 긴 항아리, 목 짧은 항아리, 뚜껑접시, 토기류와 손칼, 철낫 등이 출토되었다.

106. 巨濟農所里古墳

探訪加耶巨濟先
탐 방 가 야 거 제 선
暴炎農所古墳連
폭 염 농 소 고 분 연

蒼峯深壑唱山鳥
창 봉 심 학 창 산 조
碧海長波浮片船
벽 해 장 파 부 편 선

甲胄鐵矛茶碗埋
갑 주 철 모 다 완 매
大刀腰札土壺姸
대 도 요 찰 토 호 연

千年悲史老騷恨
천 년 비 사 노 소 한
文化綿綿今日傳
문 화 면 면 금 일 전

∀ 주(註)

1) 腰札 : 허리에 차는 얇고 작은 나무 조각.

거제 농소리 고분

가야 역사탐방은 거제가 먼저인데
폭염에 농소리의 고분이 이어져있도다.

창봉의 깊은 골에는 산새가 노래하고
푸른 바다 장파엔 조각배가 떠있도다.

갑주와 철창, 다기가 묻혀있고
큰 칼, 요찰, 흙 항아리가 아름답도다.

천년의 비사가 노 시인의 한이 되는데
문화는 이어져 금일에도 전하는도다.

▼ 해제(解題)

거제 농소리 고분(巨濟農所里古墳)은 경상남도 거제시 장목면 농소리 산130-5, 산131-3에 있는 고분이다.
이 고분은 바닷가에 돌출한 구릉 위에 축조되었으며, 6세기에 축조된 횡혈식 석실분으로, 영산강유역-남해안-일본 대마도-일본 구주를 잇는 해상교통로와 밀접한 관련이 있는 곳으로 여겨져 왔다. 유물로는 목가리개, 비늘갑옷, 화살촉, 쇠투검창, 삼지창, 큰 칼 등이 출토되었다.

107. 密陽月山里古墳

探史凝川野景蕭
탐 사 응 천 야 경 소
月山洞裏古墳寮
월 산 동 리 고 분 료

密陽汎汎南流洒
밀 양 범 범 남 류 세
華岳嚴嚴北聳遙
화 악 엄 엄 북 용 요

鍛具土壺遺物出
단 구 토 호 유 물 출
鐵斤耳飾妙工瑤
철 근 이 식 묘 공 요

加耶文化只今赫
가 야 문 화 지 금 혁
竹帛輝名萬世飄
죽 백 휘 명 만 세 표

∨ 주(註)

1) 凝川 : 밀양의 옛 이름.

2) 鍛 : 두드릴 단, 대장일 단, 때릴 단.

밀양 월산리 고분

밀양을 탐방하니 들의 경치가 쓸쓸한데
월산 동리에 고분이 높도다.

밀양강은 널리널리 남으로 시원하게 흐르고
화악산은 엄엄하게 북으로 솟아 아득하도다.

단야구와 흙 항아리 등 유물이 나왔고
쇠도끼, 귀걸이의 묘한 공법이 아름답도다.

가야문화가 지금까지도 빛나는데
역사에 빛나는 이름 만세에 날리리로다.

∨ 해제(解題)

밀양 월산리 고분(密陽月山里古墳)은 경상남도 밀양시 부북면 월산리 일대에 분포하고 있다. 월산리 중심마을인 새마을, 정주마을, 안마을의 뒷 구릉, 즉 가산저수지 동남쪽 구릉상에 밀집 분포되어 있다. 가야 분묘의 입지조건을 잘 나타내고 있으며, 토기조각이 5세기 토기로 판단된다. 유물은 귀걸이, 대롱옥, 가락바퀴가 나왔고, 5호 덧널무덤에서 모루, 철제집게, 철제망치 등 단야구(鍛冶具)가 출토되었다.

108. 長水三顧里古墳

探史長川備酒肴
탐 사 장 천 비 주 효
停車三顧古墳巢
정 거 삼 고 고 분 소

錦江渺渺北流逝
금 강 묘 묘 북 류 서
聖壽崇崇西聳崤
성 수 숭 숭 서 용 효

鐵器少刀遺物埋
철 기 소 도 유 물 매
土壺耳飾貴工緢
토 호 이 식 귀 공 묘

加耶失國恨歎老
가 야 실 국 한 탄 로
日暮低徊任自嘲
일 모 저 회 임 자 조

▼ 주(註)

1) 長川 : 장수를 이른다.
2) 三顧 : 삼고리 마을.
3) 耳飾 : 귀고리.

장수 삼고리 고분

장수에 안주와 술을 준비하여 가니
삼고리는 고분의 둥지로다.

금강은 아득하게 북쪽으로 흘러가고
성수산은 높아 서쪽으로 솟았도다.

철기, 작은 칼 등 유물이 묻혀있고
토호, 귀고리, 장식품 공예가 아름답도다.

가야 실국에 한탄하는 늙은이가
해 저무는데 서성거리며 조롱하고 있도다.

∨ 해제(解題)

장수 삼고리 고분(長水三顧里古墳)은 전라북도 장수군 천천면 삼고리 삼장마을에 있다. 1995년 2월과 7월 두 차례에 걸쳐 군산대학교 박물관에 의하여 발굴조사 되었다. 고분은 마을 북쪽을 감싸는 북사면을 제외한 거의 전 지역에 산재되어 있다. 삼고리 고분은 벽석이 지하에 묻히도록 축조된 수혈식 석곽묘로 되어있으며, 봉분은 파괴되어 크기와 모양을 확인하기 어렵다. 유물은 각종 토기, 철기류, 장신구 등이 다수 출토되었다.

109. 居昌末屹里古墳

流夏居昌暑氣豪
유 하 거 창 서 기 호
馳驅末屹古墳高
치 구 말 흘 고 분 고

渭川灘籟潺潺逝
위 천 탄 뢰 잔 잔 서
箕白嶺風颯颯濤
기 백 령 풍 삽 삽 도

鐵鏃鐵斤刀子出
철 족 철 근 도 자 출
土壺土器皿臺韜
토 호 토 기 명 대 도

加耶文化輝然赫
가 야 문 화 휘 연 혁
失國傷心酌濁醪
실 국 상 심 작 탁 료

주(註)
1) 流夏 : 6월의 별칭.

거창 말흘리 고분

유월 거창에 더운 기운이 큰데
말흘리를 달려가니 고분이 높도다.

위천의 여울소리 잔잔히 흘러가고
기백산 영풍은 살랑 불어 파도소리 같도다.

쇠 화살촉, 쇠도끼, 칼이 나오고
토호, 토기, 그릇받침 등이 감추어졌도다.

가야문화가 찬연히 빛나는데
나라가 없어진 슬픔에 막걸리를 마신다.

▼ 해제(解題)

거창 말흘리 고분(居昌末屹里古墳)은 경상남도 거창군 마리면 말흘리 산 35-1에 있다

1985년 국립진주박물관이 국도 확장공사 때 유구가 노출되어 돌덧널무덤 4기를 조사하였고, 2010년에 경남발전연구원 역사문화센터는 마리면에서 주관하는 진산 삼거리 정비사업으로 조사하여, 가야 널무덤 1기와 봉토분, 돌덧널무덤 6기, 움무덤 1기를 발굴 조사하였다. 유물은 뚜껑목항아리, 굽다리항아리, 굽다리접시, 각종 토기류, 재갈, 발걸이, 화살촉, 투겁창, 손칼 등이 출토되었다.

110. 固城蓮塘里古墳

季月固州山鳥歌
계 월 고 주 산 조 가
蓮塘洞裏古墳多
연 당 동 리 고 분 다

長江滾滾千年綠
장 강 곤 곤 천 년 록
遠岫嚴嚴萬丈峨
원 수 엄 엄 만 장 아

土器高臺農具好
토 기 고 대 농 구 호
環頭大劍鐵矛娥
환 두 대 검 철 모 아

加耶失國虛亡慽
가 야 실 국 허 망 척
騷客懷思日暮哦
소 객 회 사 일 모 아

∨ 주(註)
1) 季月 : 6월의 이칭.
2) 固州 : 고성을 이른다.

고성 연당리 고분

6월의 고성에는 산새가 노래하는데
연당 동리에 고분이 많도다.

영오천은 곤곤하게 천년토록 푸르고
먼 산은 엄엄하게 만장이나 높도다.

토기,고대, 농구 등이 좋은데
환두대검과 쇠창이 아름답도다.

가야 실국이 허망하니 슬픈 속에
시인은 해는 지는데 생각에 잠겨 시를 읊조린다.

▼ 해제(解題)

고성 연당리 고분(固城蓮塘里古墳)은 경상남도 고성군 영오면 연당리에 있다. 이 고분은 남강의 지류인 영천강(영오강) 상류의 작은 곡저평야를 끼고 있으며, 해발 100m의 낮은 산지가 연접한 능선 허리부분에 형성되어 있다. 고분 중 4기의 고분이 1991년 경남대학교 박물관에 의해 발굴 조사 되었다. 18호분과 20호분 각각 2개의 매장주체부가 배치되어 있어 조사된 유구는 굴식돌방 2기에 구덩식 돌덧널 4기 등 모두 6기이다. 축조 시기는 5세기 말에서 6세기 중엽으로 파악된다. 유물은 굽다리접시, 목긴항아리, 굽다리항아리, 손잡이잔, 큰항아리, 각종 토기가 출토되었다.

111. 固城松鶴洞古墳

驟雨固城飛亂痲
취 우 고 성 비 란 마
探尋松鶴古墳葩
탐 심 송 학 고 분 파

永吾川水碧波肅
영 오 천 수 벽 파 숙
舞妓山中平地娃
무 기 산 중 평 지 왜

領主加耶藏塚好
영 주 가 야 장 총 호
彩紋壁畫技能誇
채 문 벽 화 기 능 과

新羅百濟數交易
신 라 백 제 수 교 역
文化輝光如發花
문 화 휘 광 여 발 화

✔ 주(註)

1) 驟雨 : 소낙비, 소나기.

2) 金鰲山 : 산 이름.

고성 송학동 고분

고성에 소나기가 난마처럼 쏟아지는데
송학리 찾아가니 고분이 꽃이로다.

영오천은 푸른 파도가 엄숙하고
무기산중의 평지가 아름답도다.

가야 영주의 무덤이 좋은데
채색된 벽화의 재주가 자랑스럽도다.

신라 백제가 자주 교역한 속에
문화가 빛남이 꽃핀 것 같이 찬란하도다.

▼ 해제(解題)

고성 송학동 고분(固城松鶴洞古墳))은 경상남도 고성군 고성읍 송학리 473-5에 있다. 사적 제119호로 고성여중 뒤 무학산 구릉을 중심으로 분포하고 있는, 고성 소가야 지배자집단의 중심고분이다. 1999년과 2000~2001년에 동아대학교 박물관에 의해서 조사가 실시된 10여 기의 대형봉토분이 제1고분군과 제2고분군으로 나뉘는데, 개간으로 훼손되었고 1호분을 중심에 두고 소형의 봉토분들이 서측에 2기, 동측에 3기 모두 6기가 분포하고 있다. 유물로 소가야식토기, 굽다리긴목단지, 굽다리완, 백제지역토기, 구멍토기 등 또한 일본토기가 출토되어 해상무역의 중심지였다는 것을 알 수 있다.

112. 咸安篁沙里古墳

流夏咸安炎太陽
유 하 함 안 염 태 양
篁沙洞岸古墳康
황 사 동 안 고 분 강

松林盜掘墓封散
송 림 도 굴 묘 봉 산
平畔破傷遺物臧
평 반 파 상 유 물 장

有蓋高杯農具出
유 개 고 배 농 구 출
妝身長劍土壺揚
장 신 장 검 토 호 양

桑田碧海悽然裏
상 전 벽 해 처 연 리
遙望宮墟雜草荒
요 망 궁 허 잡 초 황

▽ 주(註)

1) 桑田碧海 : 뽕나무 밭이 바다가 되었다는 뜻으로, 세상이 몰라볼 정도로 바뀐 것.

함안 황사리 고분

6월 함안에 햇볕이 불꽃인데
황사리 언덕에 고분이 편안하도다.

송림에는 도굴된 무덤이 흩어져 있고
평지엔 파손된 유물이 감추어져 있도다.

덮개 있는 높은 잔과 농기구가 나오고
장신구, 큰 칼, 토호가 드날리는도다.

상전벽해의 처연한 속에
멀리 보이는 궁터엔 잡초만이 거칠도다.

∀ 해제(解題)

함안 황사리 고분(咸安篁沙里古墳)은 경상남도 함안군 법수면 황사리에 있다. 1991년 경상대학교 박물관이 발굴 조사하여, 덧널무덤 47기, 독널무덤 3기를 확인하였으며, 황사리 매곡부락 야산의 정상부와 사면에 밀집 분포되어 있다. 토질이 풍화암반층이라 유실이 심하여 대부분 봉분이 없어지고, 유구의 바닥과 하단부만 남아있다. 이곳에서 나온 유물은 토기 141점이 발견되었으며, 굽다리접시, 화로모양토기, 짧은목단지, 굽다리단지, 쇠화살촉, 쇠낫, 손칼, 쇠도끼 등 종류가 단순하다. 49호분에서는 긴 투창검이 출토되었다.

113. 山淸中村里古墳

季月山淸暑氣庚
계 월 산 청 서 기 경
中村洞里古墳幷
중 촌 동 리 고 분 병

梁川混混錦江去
양 천 혼 혼 금 강 거
方丈嚴嚴般若嶸
방 장 엄 엄 반 야 영

有蓋小盤粧具美
유 개 소 반 장 구 미
環頭大劍馬鞍精
환 두 대 검 마 안 정

加耶遺物貴重寶
가 야 유 물 귀 중 보
盜堀傷心深怒盈
도 굴 상 심 심 노 영

∨ 주(註)

1) 混混 : 물이 많이 흐르는 모양.

산청 중촌리 고분

6월 산청 더운 기운이 한창인데
중촌 동리에 고분이 나란하도다.

양천은 망망히 금강으로 흘러가고
방장산은 엄엄하게 반야봉으로 가파르도다.

덮개 그릇, 소반, 장신구가 아름답고
환두 큰 칼, 말안장이 세밀하도다.

가야유물이 귀중한 보배인데
도굴되니 속상하여 분노가 끓어오르도다.

✓ 해제(解題)

산청 중촌리 고분(山淸中村里古墳)은 경상남도 산청군 신안면 중촌리에 있다. 1982년 부산여자대학교 박물관에 의해 발굴 조사되었다.

확인된 고분은 분포지역의 3분의 1에 해당하는 지역에서 166기에 이르고 있다. 남북벽은 수직으로 쌓았고, 동서벽은 안으로 기울게 쌓아 4매의 큰 판석으로 천장을 얹었다. 석실바닥에는 납작한 판석들이 깔렸던 흔적이 있었다. 석실의 내부가 도굴되어 이렇다 할 유물이 없다. 고배(高杯) 1점, 파수부배(把手附杯) 1점, 금동으로 만든 장신구 귀걸이 1점이 발견되었을 뿐이다.

114. 山清玉山里遺跡

中伏山清雲霧青
중 복 산 청 운 무 청
玉山里岸古墳寧
옥 산 리 안 고 분 녕

鏡湖水面潺潺淑
경 호 수 면 잔 잔 숙
熊石岩峯凜凜婷
웅 석 암 봉 늠 름 정

鐵器土壺農具出
철 기 토 호 농 구 출
住墟渠埳屋型停
주 허 거 감 옥 형 정

加耶文化千年久
가 야 문 화 천 년 구
今日美名感動馨
금 일 미 명 감 동 형

산청 옥산리 유적

중복의 산청은 운무에 푸른데
옥산리 언덕에 고분이 편안하도다.

경호의 수면은 잔잔하니 맑은데
웅석산 암봉은 늠름하니 아름답도다.

철기, 토기, 농기구 등이 출토되었고
집터, 구덩이, 집모양이 뚜렷하게 있도다.

가야 문화가 천년토록 오래인데
금일의 아름다운 이름 감동의 향기로다.

∀ 해제(解題)

산청 옥산리 유적(山淸玉山里遺跡)은 경상남도 산청군 산청읍 옥산리에 있다. 1966년 부산대학교 박물관에 의하여 발굴되었다.

구석기시대부터 조선시대에 이르는 문화층이 확인되었으며 150여 동의 집터와 구덩이가 발견되었다. 집터의 경우 평면상태가 다양하며 내부시설물로 작업공 및 민무늬토기, 옥원석(玉原石) 등이 발굴되었다.

115. 高靈伽耶公園遺物

流火高靈熱氣蒸
유 화 고 령 열 기 증
加耶遺物公園陞
가 야 유 물 공 원 승

鬱蒼草木爽風起
울 창 초 목 상 풍 기
探史京賓炎暑曾
탐 사 경 빈 염 서 증

內谷佛相今日寶
내 곡 불 상 금 일 보
山陰石塔萬年兢
산 음 석 탑 만 년 긍

故鄉舊蹟訪尋客
고 향 구 적 방 심 객
文化綿綿歡馬乘
문 화 면 면 환 마 승

✓ 주(註)

1) 流火 : 음력 7월의 별칭.

고령 가야공원 유물

7월의 고령은 열기가 찜통인데
가야의 유물이 있는 공원에 올랐도다.

울창한 초목이 시원한 바람을 일으키고
역사를 찾는 서울 나그네 불더위를 맞는도다.

내곡에서 옮긴 불상은 오늘에도 보배요
산음의 석탑은 만년의 자랑이다.

고향의 사적을 찾아온 나그네가
문화가 이어짐에 기쁘게 돌아오는도다.

✓ 해제(解題)

고령 가야공원 유물(高靈伽耶公園遺物)은 고령 가야공원에서 관리하는 유물로, 유래는 알 수 없으나 1976년 여러 곳에 있던 것을 지금 위치에 옮겼다. 귀부는 마멸이 심하여 형태만 있으며, 원래 평평한 석재를 사용하였고 조각이나 장식도 없었던 것 같다. 4개의 불상과 2개의 석탑 1개의 석등이 있다. 불상은 높이 91cm 좌상으로, 대좌 머리부분은 뒤에 보수하였다. 석탑은 상층기단 전면이 간주(竿柱) 하나로 양분되었고, 옥산에는 우주(隅柱)가 있다.

116. 宜寧中洞里古墳

探史宜寧熱氣尤
탐 사 의 령 열 기 우
綠陰中洞古墳幽
녹 음 중 동 고 분 유

南江灘籟故人哭
남 강 탄 뢰 고 인 곡
闍堀嶺風亡恨留
도 굴 영 풍 망 한 류

鐵器小盤農具出
철 기 소 반 농 구 출
瓮棺大皿土壺收
옹 관 대 명 토 호 수

加耶文化千年艶
가 야 문 화 천 년 염
竹帛英名萬歲烋
죽 백 영 명 만 세 휴

주(註)

1) 竹帛 : 역사를 기록한 책. 종이가 발명되기 전, 대쪽이나 헝겊에 글을 써서 기록한데서 생긴 말이다..

의령 중동리 고분

역사를 찾아간 의령은 열기가 더하는데
녹음이 울창한 중동엔 고분의 언덕이 그윽하도다.

남강의 여울소리는 옛사람의 울음이요
도굴산 영풍은 망한 나라의 한이 머물러 있도다.

철기, 소반, 농기구 등이 나오고
옹관, 큰 그릇, 토기 항아리를 거두었도다.

가야의 문화가 천년토록 고운데
역사의 꽃다운 이름은 만세의 아름다움이로다.

▼ 해제(解題)

의령 중동리 고분(宜寧中洞里古墳)은 경상남도 의령군 의령면 중동리 6에 있다. 1997년 경상남도기념물 제189호로 지정되었고, 1993년 경상대학교 박물관에서 발굴 조사하였다. 중동리 고분은 의령읍 남산정상에서 서쪽사면으로 외형상 뚜렷한 5기가 분포하는데, 대부분 도굴되었다. 유품으로는 굽다리접시 12점, 철검, 쇠도끼, 쇠낫 등이 출토되었다.

117. 河東古梨里古墳

流火河東暑氣侵
유 화 하 동 서 기 침
古梨洞岸古墳尋
고 이 동 안 고 분 심

雞明凜凜山嵐壯
계 명 늠 름 산 람 장
晉海潺潺水勢沈
진 해 잔 잔 수 세 침

鐵鏃玉珠平鉢貴
철 족 옥 주 평 발 귀
小刀農具注壺琛
소 도 농 구 주 호 침

加耶遺蹟長存願
가 야 유 적 장 존 원
盜掘發生痛歎深
도 굴 발 생 통 탄 심

▼ 주(註)
1) 流火 : 음력 7월의 별칭.

하동 고이리 고분

7월의 하동은 더운 기운이 침노하는데
고이리 언덕에 있는 고분을 찾아갔도다.

계명산은 늠름하게 산기운이 씩씩하고
진해는 잔잔하니 수세가 잠겼도다.

철촉, 옥구슬, 평평한 주발이 귀하고
작은 칼, 농기구, 물동이가 보배로다.

가야의 유적이 길이 보존되기를 바라는데
도굴이 발생하니 통탄함이 깊도다.

✔ 해제(解題)

하동 고이리 고분(河東古梨里古墳)은 경상남도 하동군 진교면 고이리에 있다. 1989년 경상대학교 박물관이 발굴조사를 실시하여 가야시대분묘 19기를 확인하였다. 유적은 고외초등학교 앞의 능선과 신촌마을 좌우 3곳의 능선에 모두 형성되어 있어, 3지구로 나누어 조사 되었다. 유물로는 단지류가 압도적으로 많으며, 납작밑바리, 귀때단지, 납작밑긴목단지가 나왔고, 철기류는 쇠도끼, 쇠낫, 화살촉, 손칼 등이 출토되었다.

118. 咸陽上栢里古墳

雲月咸陽秋色覃
운 월 함 양 추 색 담
松林上栢古墳探
송 림 상 백 고 분 탐

南江渺渺西流逝
남 강 묘 묘 서 류 서
箕白堂堂北聳堪
기 백 당 당 북 용 감

札甲土壺農具貴
찰 갑 토 호 농 구 귀
銅鈴鐙子馬銜馣
동 령 등 자 마 함 암

加耶赫史在何處
가 야 혁 사 재 하 처
無語浮雲騷客慙
무 어 부 운 소 객 참

∀ 주(註)
1) 雲月 : 음력 8월을 말한다.

함양 상백리 고분

8월 함양은 가을기운이 완연한데
솔숲의 상백리 고분을 찾았도다.

남강은 아득하게 서쪽으로 흘러가고
기백산은 당당히 북으로 솟아 기이하도다.

찰갑과 토호, 농구 등이 귀하고
구리방울, 등자, 말 재갈이 향기롭도다.

가야의 빛나는 역사는 어디에 있는고
뜬구름은 대답이 없으니 시인은 부끄럽도다.

해제(解題)

함양 상백리 고분(咸陽上栢里古墳)은 경상남도 함양군 수동면 상백리에 있다. 1972년 동아대학교 박물관의 발굴조사에 따르면 고분군의 범위는 이웃 구릉과 경지 일부에 걸쳐 넓게 형성되어 있는 것으로 확인되었다. 모두 8기의 고분이 조사되었는데, 매장시설은 냇돌로 축조한 돌덧널무덤이고, 길이 3~4m, 너비 1m내외, 깊이 1.2m의 중소형에 속한다. 유물로는 각종 토기, 발걸이, 마구류, 비늘갑옷, 삼각판을 못으로 고정시켜 만든 판갑옷이 출토되었다.

119. 陜川松林里古墳

處暑大良秋景鹽
처 서 대 량 추 경 염
松林洞裏古墳謙
송 림 동 리 고 분 겸

陜湖滾滾南洋展
협 호 곤 곤 남 양 전
甘岳堂堂北聳嚴
감 악 당 당 북 용 엄

甲胄頸壺鞍鐙埋
갑 주 경 호 안 등 매
甕棺馬具蓋杯添
옹 관 마 구 개 배 첨

興亡盛替人生事
흥 망 성 체 인 생 사
騷客追懷日暮潛
소 객 추 회 일 모 잠

∀ 주(註)

1) 大良 : 합천의 별칭.

2) 鐙 : 말을 탈 때 디디고 올라가는 제구.

합천 송림리 고분

처서의 합천은 가을경치가 좋은데
송림리에 고분이 겸손하도다.

합천호수는 곤곤히 남으로 펼쳐졌고
감악산은 당당히 북으로 솟아 엄숙하도다.

갑주, 목항아리, 발걸이가 묻혀있고
옹관, 말기구, 뚜껑 있는 잔이 더하였도다.

흥하고 망하고 성쇠가 인생사인데
시인이 추회하는데 해는 져서 잠기는도다.

✔ 해제(解題)

합천 송림리 고분(陜川松林里古墳)은 경상남도 합천군 봉산면 송림리에 있다. 1986년~1987년 국립진주박물관에 의한 합천댐 수몰지구 문화유적 발굴조사를 통해 알려졌다. 대부분 도굴과 개간으로 파괴되어 유구가 노출되어 있었다. 대부분의 봉토분에서 둘레돌 외곽의 한쪽 편에 큰 독이나 그릇받침 등을 깨뜨려 매납해 놓은 형태의 제사유구가 발견되었다. 유물로는 갑주류, 투구, 말재갈, 발걸이, 청동제 말방울, 말띠꾸미개 등 마구류와 긴목단지, 뚜껑접시, 단지 등이 출토되었다.

120. 晉州武村里古墳

秋艶晉州山水咸
추 염 진 주 산 수 함
武村洞岸古墳瑊
무 촌 동 안 고 분 감

蒼江嫋嫋千年淑
창 강 요 요 천 년 숙
碧岫嚴嚴萬丈嵌
벽 수 엄 엄 만 장 감

土器大刀多數貴
토 기 대 도 다 수 귀
小壺鐵矛若干函
소 호 철 모 약 간 함

白雲無語遠悠去
백 운 무 어 원 유 거
赫史加耶文化諴
혁 사 가 야 문 화 함

∨ 주(註)

1) 嫋 : 휘청휘청할 요. 바람에 흔들거릴 요.

진주 무촌리 고분

아름다운 가을은 진주의 산수가 다하는데
무촌동 언덕에 고분이 곱도다.

창강은 흘러 천년토록 맑고
푸른 산은 높고 높아 만장의 골짜기로다.

토기, 그릇, 큰 칼 다수가 귀하고
작은 항아리, 철창 약간이 함께 있도다.

흰 구름은 말없이 끝없이 멀리 흘러가는데
빛나는 역사 가야문화가 정성이로다.

해제(解題)

진주 무촌리 고분(晉州武村里古墳)은 경상남도 진주시 사봉면 무촌리 1088-1 및 1361에 있다. 1993년 국립진주박물관이 발굴조사 하였는데, 고분 13기와 주거지 3동이 확인되었다. 개간으로 유적이 많이 훼손되어 봉분의 흔적은 거의 확인되지 않고 있다. 발굴 조사된 고분은 구덩식돌덧널무덤이 9기, 앞트기식돌방무덤이 3기, 굴식돌방무덤이 3기, 화장무덤이 7기이다. 유물은 구멍무늬토기, 덧띠무늬토기, 긴목항아리, 붉은간토기 등이 출토되었다.

발(跋)

아버지의 『진국영가』 한시집 출간에 부쳐

저의 아버지는 진정한 애국자이십니다. 일본에서 태어났고 가족이 모두 그곳에 살고 있었으나 한국인이라고 차별대우 받는게 싫어서 어린나이에 홀로 한국에 돌아오셨습니다.

아버지의 한국에 대한 애착은 1978년 저의 어머니께서 우리 가족의 더 나은 미래를 위해서 미국으로 약사이민을 선택했을 때도 미국에 귀화하지 않으시고 끝까지 한국인임을 포기하지 않고 우리 세 남매를 유교식으로 엄하게 키우셨습니다.

제가 아직 어렸을 때는 아버지의 한국에 대한 헌신적 사랑이 이해가 되지 않았습니다. 근래에 와서야 왜 아버지가 그런 선택을 하셨는가를 조금씩 이해하게 되었고 아버지의 선택을 존중하게 되었습니다.

저의 아버지는 낭만적인 사람입니다. 그의 최근의 작품들에는 한국 고유의 풍경들을 연애편지 쓰듯이 묘사하고 계십니다. 특히 옛 고구려, 백제, 신라 그리고 가야(4국)에 대한 글들은 각국의 문화와 역사 그리고 그곳에 살던 사람들에게 특별한 애정을 가지고 써내려 가고 있습니다. 저의 아버지의 마음과 가슴은 한국의 토양 속에 견고히 정착되어 모국에 대한 그의 최상의 효도를 바치고 계십니다.

아버지는 우리의 후손들에게 한국의 역사와 아름다운 우리 금수강산, 그리고 한국인 고유의 찬란한 문화를 알려주고 싶어 이 한시집을 남긴다고 하셨습니다.

2021년 정초에

큰딸 오 지 희 올림